KB135258

한국어 활용 길잡이

한국어 활용 길잡이

이홍식 지음

어
미
편

한국학술정보

한국어에서는 동사나 형용사와 같은 용언이 어간과 어미의 결합형으로 나타난다. 한국어를 배운다는 것은 한국어 용언의 활용을 이해하고 활용형을 필요에 맞게 산출하는 법을 배우는 것도 포함할 것이다. 그런데 한국어 활용의 양상을 규칙화해서 제시한 책도 많지 않으며 활용의 양상을 일목요연하게 제시한 책도 드문 형편이다. 이러한 현실을 감안하여 한국어 활용의 규칙의 측면과 활용형의 목록화라는 측면을 모두 만족할 수 있는 책을 만들고자 하였다.

한국어에서 용언 어간은 어간의 끝에 오는 소리에 따라 활용의 양상이 달라진다. 뿐만 아니라 결합하는 어미의 음운론적인 특징도 활용의 다양한 양상을 만들어 낸다. 어간의 음운론적 특징과 어미의 음운론적 특징을 기준으로 하여 활용 양상을 기술하면 한국어를 배우는 학습자나 한국어 활용에 관심이 있는 사람들에게 도움을 줄 수 있을 것이다. 이 책은 100여 개의 용언을 어간의 음운론적 특징에 따라 나누고 60여개의 어미를 문법적 특징과 음운론적 특징에 따라 나눈 후 이들의 결합형을 표로 제시하였다.

각각의 용언 어간이 결합할 수 있는 어미의 수는 매우 많다. 모든 어미를 다 제시하는 것은 분량의 문제뿐만 아니라 잉여성의 문제를 안고 있다. 따라서 한국어 학습에서 초급과 중급 단계에서 제시되는 어미들을 골라 용언 어간과의 결합 양상을 정리하였다.

어미들은 문법적인 특징에 따라 종결어미, 연결어미, 전성어미, 선어말어미로 나누었다. 종결어미와 연결어미는 수가 많아서 음운론적인 조건에 따라 구별하였다. 대표적으로는 자음 어미, 매개모음 어미, 모음 어미로 나눌 수 있다. 자음 어미는 자음으로 시작하는 어미이다. 매개모음 어미는 하나의 어미가 어간의 끝에 오는 소리에 따라 매개모음 '으'로 시작하기도 하고 '으'가 빠진 채 자음으로 시작하기도 한다. 모음 어미는 하나의 어미가 선행 용언 어간의 모음에 따라 'ㅏ'로 시작하기도 하고 'ㅓ'로 시작하기도 한다.

용언 어간은 자음으로 끝나는 어간과 모음으로 끝나는 어간으로 크게 나누었다. 자음으로 끝나는 어간은 어떤 자음으로 끝나는지에 따라 다시 나누어서 제시하였다. 같은 자음으로 끝나더라도 모음조화에 따라 활용 양상이 달라질 수 있으므로 끝 음절의 모음에 따라 용언을 다시 나누어 제시하였다. 용언 어간의 활용이 규칙적인 것과 불규칙적인 것 역시 구별하였다.

각각의 어미를 별도의 표제어로 하여 제시하고 이들 어미가 용언 어간들과 결합해서 어떤 결합형이 되는지를 표로 만들어 제시하였다. 표에 제시되는 용언 어간들은 어간 말음의 음운론적인 기준에 따라 배열하였다. 단순히 표만 제시하게 되면 용언 어간과 어미의 결합에서 나타나는 규칙적인 양상들과 결합의 유형을 모르고 개별 활용형을 모두 암기해야 하는 학습상의 부담을 안게 될 것이다. 본고에서는 규칙과 패턴이라는 측면에서 용언 어간과 어미들의 결합 양상을 제시하여 한국어 학습자들이 한국어 활용의 규칙과 패턴을

익히는 데 도움을 주고자 하였다. 그럼에도 규칙과 패턴의 결과가 자주 사용되는 어미들과의 결합형들로 제시되기 때문에 구체적인 활용형을 암기하고자 하는 학습자들은 표의 활용형을 암기하는 방식으로 한국어 활용을 공부할 수도 있다.

이 작업은 숙명여자대학교의 대학원 수업 시간에 이루어진 자료 조사를 기반으로 이루어졌다. 대학원 수업에 참여한 학생들에게 감사의 말을 전한다. 아무쪼록 본서의 활용 정보가 한국어를 학습하는 학습자들에게 유용한 학습 자료가 되기를 소망한다.

저자 씀

1. 표제어

1. 한국어에서 자주 사용하는 어미를 선별하여 이들을 문법적인 기준에 따라 종결어미, 연결어미, 전성어미, 선어말어미로 나누었다.

2. 표제어로 제시된 어미 중 종결어미는 다음과 같다.

자음어미 : -거든(요), -는/는다/-다, -다, -냐, -네(요), -는구나/-구
　　　　　나, -니, -ㅂ습니다, -자, -잖아(요), -지(요)
매개모음 어미 : -(으)ㄹ걸(요), -(으)ㄹ게(요), -(으)ㄹ까(요), -(으)
　　　　　ㄹ래(요), -(으)세요
모음어미 : -아/어(요), -아/어라

3. 연결어미는 모두 40개를 선정하였다. 이 역시 빈도를 고려하였으며 역시 음운론적인 조건을 적용해서 선정하였다.

자음어미 : -거나, -거니와, -거든, -게, -고, -고도, -고서, -고자, -
　　　　　기에, -느라, -느라고, -다가, -다시피, -더니, -더라도,
　　　　　-던데, -도록, -든지, -듯이, -자마자, -지만, -ㄴ/는다거
　　　　　나/-다거나, -ㄴ/는다고/-다고, -ㄴ/는다면/-다면, -는데
　　　　　/-(으)ㄴ데

매개모음 어미: -(으)나, (으)니, (으)니까, (으)ㄹ래야, -(으)러, -(으)려고, -(으)면, -(으)면서, -(으)므로

모음어미: -아/어, -아/어도, -아/어서, -아/어야, -아/어야지, 았/었더니

4. 전성어미는 관형사형어미와 명사형어미만 선정하였다. 부사형어미는 연결어미와 구별하기 쉽지 않아서 제외했다.

관형사형어미: -는, -던, -은, -을,

명사형어미: -음, -기

5. 선어말어미는 주체높임의 '-(으)시-', 과거시제의 '-았/었-', 추측이나 미래의 '-겠-'을 선정하였다. 용언 어간과 선어말어미의 결합형만 제시하면 이용자가 이해하기 어려울 것으로 판단하여 어말어미와의 결합형을 제시하였다.

'-(으)시-', '-았/었-', '-겠-'

6. 어미의 종류는 어미 두음의 음운론적 기준에 따랐다. 예를 들어 자음 어미는 '-고, -겠-, -는, -던' 등이며 모음어미는 '-아/어(요), -아라/어라, -아/어서' 등이며 매개모음 어미는 '-(으)나' 등이다.

7. 표제어는 종결어미, 연결어미, 전성어미, 선어말어미의 순으로 배열되어 있으며, 각 어미들은 자음어미, 매개모음어미, 모음어미의 순으로 다시 나누어 배열하였다. 각각의 어미들은 다시 두음의 가나다순으로 배열하였다. 선어말어미는 어간에 결합하는 순서를 반영하여 제시하였다.

8. 용언 어간과의 결합을 보여 주기 위해 용언 어간은 자음어간, 모음어간으로 크게 나누고 이를 다시 어떤 자음으로 끝나는지, 어떤 모음으로 끝나는지에 따라 나누었다. 그리고 동일한 유형에 속하더라도 동사와 형용사를 구별하여 제시하였다. 각각의 동사와 형용사는 다시 모음조화를 기준으로 나누었다. 마지막으로 동일한 유형에 속하는 동사와 형용사 가운데 불규칙 활용을 하는 경우에는 이를 다시 나누었다.

9. 자음으로 끝나는 어간은 자음의 종류에 따라 나누었다. 'ㄱ, ㄲ, ㄴ, ㄵ, ㄶ, ㄷ, ㄹ, ㄺ, ㄻ, ㄼ, ㄾ, ㄿ, ㅀ, ㅁ, ㅂ, ㅄ, ㅅ, ㅆ, ㅈ, ㅊ, ㅌ, ㅍ, ㅎ'이 한국어 용언 어간의 마지막에 나타나는 자음들이다.

10. 동일한 자음으로 끝나는 용언들은 품사에 따라 동사를 먼저 제시하고 형용사를 나중에 제시했다. 예를 들어 '막다'는 동사이므로 형용사인 '작다'보다 먼저 제시하였다. 이들 표제어 다음에 음성모음 어간인 '먹다'와 '적다'가 제시되는데 이때도 역시 동사가 먼저 제시되고 형용사가 나중에 제시되었다.

11. 동일한 자음으로 끝나는 용언들은 모음의 종류에 따라 양성모음으로 끝나는 용언과 음성모음으로 끝나는 용언으로 구별하여 제시하였다. 이들은 '아/어'로 시작하는 모음어미와의 결합에서 차이를 보이기 때문이다.

12. 동일한 자음으로 끝나고 동일한 모음을 가진다고 하여도 활용의 규칙성에 따라 다시 나누어서 제시하였다. 불규칙 용언 역시 모음의 차이에 따라 '아/어' 어미의 선택이 달라지는 경우에는 별도의 표제어로 제시하였다.

13. 어간 끝 음절이 모음으로 끝나는 용언 어간은 종류에 따라 나누었다. 'ㅏ, ㅐ, ㅓ, ㅔ, ㅕ, ㅗ, ㅚ, ㅜ, ㅟ, ㅞ, ㅡ, ㅢ, ㅣ'가 모음으로 끝나는 용언 어간의 종류이다. 모음으로 끝나는 용언의 어

간 끝 모음은 위의 모음이 전부이다.

14. 제시된 동사와 형용사는 다음과 같다.

※ 동사

막다 먹다 닦다 묶다 안다 신다 앉다 얹다 않다 끊다 받다 얻다 깨닫다 듣다 딛다 살다 달다1 만들다 밝다1 읽다 삶다 굶다 밟다 핥다 훑다 읊다 앓다 잃다 담다 숨다 잡다 입다 돕다 줍다 뵙다 빼앗다 웃다 낫다1 짓다 가만있다 찾다 갖다 잊다 쫓다 맡다 붙다 갚다 짚다 놓다 넣다

사다 좋아하다 보내다 서다 메다 펴다 보다 되다 주다 쉬다 꿰다 모으다 쓰다1 고르다 부르다 이르다 띄다 기다리다

※형용사

작다 적다 많다 곧다 달다2 길다 밝다2 붉다 젊다 짧다 넓다 옳다 싫다 검다 좁다 곱다 가깝다 없다 낫다2 재미있다 낮다 늦다 같다 짙다 높다 깊다 좋다 빨갛다 벌겋다 하얗다 허옇다 비싸다 착하다 세다 고되다 아프다 크다 바르다 게으르다 푸르다 띄다 희다 느리다 아니다

※서술격조사
이다

15. 모음조화에 따른 동사와 형용사 어간을 나누면 다음과 같다.

※ 양모음 어간 ('아'로 시작하는 어미와 결합하는 어간)
막다 작다 닦다 안다 앉다 않다 많다 받다 곧다 깨닫다 살다 달다1 달다2 밝다1 밝다2 삶다 밟다 짧다 핥다 앓다 옳다 담다 잡다 좁다 돕다 곱다 빼앗다 낫다1 낫다2 찾다 낮다 쫓다 맡다 같다 갚다 높다 놓다 좋다 빨갛다 하얗다
사다 비싸다 보다 모으다 아프다 고르다 바르다

※ 음모음 어간 ('어'로 시작하는 어미와 결합하는 어간)
먹다 적다 묶다 신다 얹다 끊다 얻다 듣다 딛다 만들다 길다 읽다 붉다 굶다 젊다 넓다 훑다 읊다 잃다 싫다 숨다 검다 입다 가깝다 줍다 뵙다 없다 웃다 짓다 가만있다 재미있다 잇다 늦다 붙다 짙다 짖다 깊다 넣다 벌겋다 허옇다
보내다 서다 메다 세다 펴다 되다 고되다 주다 쉬다 꿰다 쓰다1 크다 부르다 게으르다 이르다 띄다 희다 기다리다 느리다 이다 (서술격조사) 아니다

16. 동사와 형용사를 자음어간과 모음어간으로 나누면 다음과 같다.

※ 자음 어간
막다 작다 먹다 적다 닦다 묶다 안다 신다 앉다 얹다 않다 많다 끊다 받다 곧다 얻다 깨닫다 듣다 딛다 살다 달다1 달다2 만들다 길다 밝다1 밝다2 읽다 붉다 삶다 굶다 젊다 밟다 짧다 넓다 핥다 훑다 읊다 앓다 옳다 잃다 싫다 담다 숨다 검다 잡다 좁다 입다 돕다 곱다 가깝다 줍다 뵙다 없다 빼앗다 웃다 낫다1 낫다2 짓다 가만있다 재미있다 찾다 갖다 낮다 잊다 늦다 쫓다 맡다 같다 붙다 짙다 갚다 높다 짚다 깊다 놓다 좋다 넣다 빨갛다 벌겋다 하얗다 허옇다

※ 모음 어간
사다 비싸다 좋아하다 착하다 보내다 서다 메다 세다 펴다 보다 되다 고되다 주다 쉬다 꿰다 모으다 아프다 쓰다1 크다 고르다 바르다 부르다 게으르다 이르다 푸르다 띄다 희다 기다리다 느리다 이다(서술격조사) 아니다

※ 달다, 밝다, 낫다는 동음이의어라고 할 수 있다. 달다1, 밝다1,

낫다1은 동사 용법의 단어들이며 달다2, 밝다2, 낫다2는 형용사 용법의 단어들이다.

　17. 형용사 어간과 결합하지 않는 어미들은 표에서 제시하고 결합형도 제시하지만 가로줄을 그어 표시하였다. 예를 들어 '작다'는 형용사인데 목적을 나타내는 어미 '-으러'와 결합하지 않는다. 이러한 정보를 제시하기 위해 활용표에서는 '~~작으러~~'와 같은 형식으로 제시하였다.

한국어는 용언이 어간과 어미로 이루어진다. '먹었다'에서 '먹-'
은 어간이고 '-었다'는 어미이다. 어미를 다시 나누면 '-었-'은 선어
말어미이고 '-다'는 어말어미이다. 어간과 어미의 결합을 활용이라
고 한다. 활용의 양상은 어간과 어미의 종류에 따라 다양하게 나타
난다. 이를 위해 어간을 음운론적인 성격에 따라 나누고 어미 역시
음운론적인 성격에 따라 나누어서 이들의 결합 양상을 기술할 수
있다.

　용언 어간은 먼저 자음어간과 모음어간으로 나눈다. 자음어간은
자음의 종류에 따라 나눈다. 이때 서로 다른 자음이라도 활용의 양
상은 동일할 수 있다. 자음어간의 종류는 ㄱ, ㄲ, ㄴ, ㄷ, ㄹ, ㅁ, ㅂ,
ㅅ, ㅆ, ㅈ, ㅊ, ㅌ, ㅍ, ㅎ이 있다. 이들 중에서 ㄷ, ㅂ, ㅅ, ㅎ은 규
칙 활용과 불규칙 활용이 두 가지 방식의 활용을 보인다. 자음어간
은 마지막 음절의 모음에 따라 양성모음 어간과 음성모음 어간으로
나눌 수 있다. 어미는 자음으로 시작하는 어미, 매개모음으로 시작
하는 어미, 모음으로 시작하는 어미로 나눌 수 있다.

　※ 한국어에서 용언은 동사와 형용사로 이루어진다. 동사의 활용
과 형용사의 활용은 비슷하지만 차이점도 많다. 아래의 어미들은

동사 어간과 결합하지만 형용사 어간과는 결합하지 못한다. '작다' 는 '작자, 작는다, 작을게요, 작을까요(의지), 작을래요, 작아라, 작고서' 등의 활용형이 불가능하다.

-자, -ㄴ/는다, -(으)ㄹ게(요), -(으)ㄹ까(요), -(으)ㄹ래(요), -아/어라, -고서, -고자, -느라, -느라고, -다가, -다시피, -도록, -자마자, -(으)ㄹ래야, -(으)러, -(으)려고, -았/었더니, -는

※ 어미 가운데 '아/어'로 시작하는 어미들은 어간의 모음에 따라 '아'나 '어'가 선택된다. '아'나 '오'로 끝나는 어간은 '아'를 선택하고 그 밖의 모음으로 끝나는 어간은 '어'를 선택한다. '막다'는 '-아(요)'와 결합하여 '막아(요)'로 활용하고 '-았-'과 결합하여 '막았-'과 같이 활용한다. '먹다'는 '먹어(요)'나 '먹었-'과 같이 활용한다.

※ 어간이 자음으로 끝나는 용언 어간은 매개모음 '으'로 시작하는 어미와 결합하고 모음으로 끝나는 용언 어간은 매개모음이 없는 어미와 결합한다. 'ㄹ'은 자음이지만 'ㄹ'로 끝나는 용언 어간은 매

개모음이 없는 어미와 결합한다. '막다'는 '막으며'와 같이 활용하고 '가다'는 '가며'와 같이 활용한다. '살다'는 '살며'와 같이 활용한다.

> 자음 어간: 막으며, 닦으며, 안으며, 앉으며, 않으며, 받으며, 밝으며, 삶으며, 밟으며, 훑으며, 읊으며, 앓으며, 담으며, 잡으며, 없으며, 빼앗으며, 가만있으며, 찾으며, 쫓으며, 맡으며, 갚으며, 놓으며,
> ㄹ 어간: 만들며
> 모음 어간: 사며, 보내며, 서며, 메며, 펴며, 보며, 되며, 주며, 쉬며, 꿰며, 모으며, 띄며, 기다리며

※ 어간이 자음으로 끝나는 용언 어간은 '아/어'로 시작하는 어미나 매개모음어미로 시작하는 어미와 결합하면 자음을 연음시켜 발음한다. 다만 'ㄹ'로 끝나는 용언 어간은 매개모음이 없는 어미와 결합한다. 'ㅎ'으로 끝나는 용언 어간은 모음어미나 매개모음어미와 결합할 때 'ㅎ'이 탈락한다. '없어, 없으며'에서 'ㅅ'은 경음으로 발음한다. '없어[업:써], 없으며[업:쓰며]' '놓아'는 '[노아]'로 발음되지만 '[놔:]'로 발음하기도 한다.

'아/어' 어미: '막아[마가], 닦아[다까], 안아[아나], 앉아[안자], 않
         아[아나], 받아[바다], 밝아[발가], 삶아[살마], 밟아
         [발바], 훑어[훌터], 읊어[을퍼], 앓아[아라], 담아[다
         마], 잡아[자바], 없어[업:써], 빼앗아[빼아사], 가만
         있어[가마니써], 찾아[차자], 쫓아[쪼차], 맡아[마타],
         갚아[가파], 놓아[노아]

매개모음 어미: '막으며[마그며], 닦으며[다끄며], 안으며[아느며],
         앉으며[안즈며], 않으며[아느며], 받으며[바드며],
         밝으며[발그며], 삶으며[살므며], 밟으며[발브며],
         훑으며[훌트며], 읊으며[을프며], 앓으며[아르며],
         담으며[다므며], 잡으며[자브며], 없으며[업:쓰며],
         빼앗으며[빼아스며], 가만있으며[가마니쓰며], 찾
         으며[차즈며], 쫓으며[쪼츠며], 맡으며[마트며],
         갚으며[가프며], 놓으며[노으며], 살며[살며]

※ 'ㄴ, ㅁ'으로 끝나는 용언 어간이 'ㄱ, ㄷ, ㅈ'으로 시작하는
어미를 만나면 어미의 'ㄱ, ㄷ, ㅈ'는 'ㄲ, ㄸ, ㅉ'로 발음한다.

안고[안ː꼬], 안다[안ː따], 안지[안ː찌], 담고[담ː꼬], 담다[담ː따], 담지[담ː찌]

※ 'ㄱ, ㄷ, ㅂ'으로 끝나는 용언 어간은 'ㄱ, ㄷ, ㅅ, ㅈ'로 시작하는 어미와 만나면 'ㄱ, ㄷ, ㅈ'를 경음화시킨다. '막고, 막다, 막습니다, 막지'는 '[막꼬], [막따], [막씀니다], [막찌]'로 '닫고, 닫다, 닫습니다, 닫지'는 '[닫꼬], [닫따], [닫씀니다], [닫찌]'로, '잡고, 잡다, 잡습니다, 잡지'는 '[잡꼬], [잡따], [잡씀니다], [잡찌]'로 발음된다.

※ 'ㄱ, ㄷ, ㅂ'으로 끝나는 용언 어간은 'ㄴ'으로 시작하는 어미와 만나면 'ㅇ, ㄴ. ㅁ'으로 발음된다. '막네, 닫네, 잡네'는 각각 '[망네], [단네], [잠네]'로 발음한다.

※ 'ㄲ, ㅅ, ㅆ, ㅈ, ㅊ, ㅋ, ㅌ, ㅍ'로 끝나는 용언 어간은 'ㄱ, ㄷ, ㅅ, ㅈ'으로 시작하는 어미와 만나면 'ㄲ'은 'ㄱ'으로, 'ㅅ, ㅆ, ㅈ, ㅊ, ㅌ'은 'ㄷ'으로 'ㅍ'은 'ㅂ'으로 발음하며 어미의 초성 'ㄱ, ㄷ, ㅈ'은 경음으로 발음한다. '닦고, 닦다, 닦습니다, 닦지'는 '[닥꼬], [닥따], [닥씀니다], [닥찌]'로 발음한다. '빼앗고[빼앋꼬], 가만있고[가마닏꼬], 찾고[찯꼬], 쫓고[쫃꼬]' '맡고[맏꼬]', '갚고[갑꼬]'

※ 'ㅎ'으로 끝나는 용언 어간은 'ㄱ, ㄷ, ㅈ'로 시작하는 어미와 결합하면 축약되어 'ㅋ, ㅌ, ㅊ'로 발음한다. '놓고[노코], 놓다[노타], 놓지[노치]'와 같다. 'ㅎ'으로 끝나는 용언 어간이 'ㄴ'으로 시작하는 어미와 결합하면 'ㄴ'으로 발음한다. '놓네[논네]' 'ㅎ'으로 끝나는 용언 어간이 'ㅅ'으로 시작하는 어미와 결합하면 'ㄷ'으로 발음하고 'ㅅ'은 'ㅆ'으로 발음한다. '놓습니다[논씀니다]' 그러나 현실적으로는 '놓습니다[노씀니다]'와 같이 발음한다.

　※ 두 개의 자음으로 끝나는 용언 어간은 뒤에 자음으로 시작하는 어미가 오면 두 개의 자음 가운데 하나를 탈락시킨다. 뒤에 오는 'ㄱ, ㄷ, ㅈ'는 'ㄲ, ㄸ, ㅉ와 같이 경음으로 발음된다. 'ㄶ, ㅀ'은 'ㅎ'이 뒤에 오는 자음과 축약된다. 두 개의 자음 가운데 탈락되는 자음은 용언 어간마다 다르다. 'ㄵ'은 'ㅈ'이 탈락된다. 'ㄺ'은 'ㄹ'이 탈락되지만 'ㄱ'으로 시작하는 어미가 오면 'ㄱ'이 탈락된다. 'ㄻ'은 'ㄹ'이 탈락한다. 'ㄼ'은 '밟다'의 경우만 'ㄹ'이 탈락되고 다른 용언 어간은 'ㅂ' 탈락된다. 'ㄾ'은 'ㅌ'이 탈락되고 'ㄿ'은 'ㄹ'이 탈락된다. 'ㅄ'은 'ㅅ'이 탈락된다. 두 개의 자음 가운데 하나가 탈락되고 'ㅂ, ㄱ'만 남게 된 경우에 'ㄴ'으로 시작하는 어미가 오면 'ㅂ, ㄱ'은 'ㅁ, ㅇ'으로 발음한다. 'ㄹ'만 남는 경우에는 'ㄴ'으로 시작하는 어미와 만나면[ㄹㄹ]로 발음한다.

앉고[안꼬], 않고[안코], 밝고[발꼬], 삶고[삼:꼬], 밟고[밥:꼬], 넓고[널꼬], 훑고[훌꼬], 읊고[읍꼬], 앓고[알코], 없고[업:꼬]

앉다[안따], 않다[안타], 밝다[박따], 삶다[삼:따], 밟다[밥:따], 넓다[널따], 훑다[훌따], 읊다[읍따], 앓다[알타], 없다[업:따]

앉지[[안찌], 않지[안치], 밝지[박찌], 삶지[삼:찌], 밟지[밥:찌], 넓지[널찌], 훑지[훌찌], 읊지[읍찌], 앓지[알치], 없지[업:찌]

밝네[방네], 밟네[밤:네], 넓네[널레], 훑네[훌레], 읊네[음네], 앓네[알레], 없네[엄:네]

※ 한국어 용언 가운데 위의 활용과는 다른 활용을 하는 용언들이 있다. 이들을 불규칙 용언이라 한다. 불규칙 용언에는 'ㄷ, ㅂ, ㅅ, ㅎ' 불규칙 용언이 있고 '르, 러, 여, 우' 불규칙 용언이 있다.

☞. '듣다'는 자음으로 시작하는 어미와 결합하면 '듣고, 듣지'와 같이 활용하지만 모음으로 시작하는 어미와 결합하면 '들-'로 어간의 모양이 바뀐다. '듣+어'는 '들어', '듣+으며'는 '들으며'가 된다.

☞ '돕다'는 자음으로 시작하는 어미와 결합하면 '돕고, 돕지'와 같이 활용하지만 모음으로 시작하는 어미와 매개모음 어미와 결합

하면 '도우-'로 모양이 바뀐다. '돕+아'는 '도와', '돕+으며'는 '도우며'가 된다.

☞ '낫다'는 자음으로 시작하는 어미와 결합하면 '낫고[낟꼬], 낫지[낟찌]'와 같이 활용하지만 모음어미나 매개모음어미와 결합하면 '나-'로 모양이 바뀐다. '낫+아'는 '나아', '낫+으며'는 '나으며'가 된다.

☞ '빨갛다'는 자음으로 시작하는 어미와 결합하면 'ㅎ'과 후행하는 자음이 축약되거나 'ㄴ'이 된다. '빨갛고'는 '[빨가코]'와 같이 발음하고 '빨갛지'는 '[빨가치]'와 같이 발음한다. 이는 규칙용언과 같다. '빨갛다'가 모음어미와 결합하면 어간과 어미 모두 변하게 된다. '빨갛+아'는 '빨개'가 된다. '빨갛다'가 매개모음어미와 결합하면 'ㅎ'은 탈락하고 어미의 매개모음도 탈락한다. '빨갛+으며'는 '빨가며'가 된다.

☞ '고르다'는 '르 불규칙 용언'이다. '고르다'는 자음어미와 결합하면 '고르고, 고르지'처럼 규칙적인 활용을 하며 매개모음어미와 결합하면 '고르며'처럼 규칙적인 활용을 한다. 그러나 '고르다'

는 모음어미와 결합하면 '골라, 골랐다'처럼 어간의 모양이 불규칙하게 바뀐다.

☞ '이르다'는 '러 불규칙 용언'이다. 모음어미와 결합하는 경우, '이르+어'는 '이르러'로 활용한다. '이르+었다'는 '이르렀다 '로 활용한다.

☞ '하다'는 '여 불규칙용언'이라고 부른다. 모음어미와 결합하는 경우 '하+어'는 '하여'로 활용한다. '하+었다'는 '하였다'가 된다. 또한 '하여'와 '하였다'는 일반적으로 '해'와 '했다'로 줄어들기도 한다. 구어에서는 '해'와 '했다'가 사용된다. '하다'로 끝나는 모든 용언은 이와 같이 활용한다. '공부하다'는 '공부하여, 공부해', '공부하였다', '공부했다'와 같이 활용한다.

☞ '푸다'는 '우 불규칙 용언'이다. 모음어미와 결합하는 경우, '푸+어'는 '퍼'로 활용한다. '푸+었다'는 '펐다 '로 활용한다.

※ '되다'와 같이 어간의 끝음절의 모음이 'ㅚ'인 경우에 모음어미와 결합할 때 줄어들기도 한다. '되+어'는 '되어'로 활용하는데

'돼'와 같이 줄어들기도 한다. '되+었다'는 '되었다'로 활용하나 '됐다'로 줄어들기도 한다. 구어에서는 '돼, 됐다'와 같은 활용형이 주로 사용된다. '되다'로 끝나는 모든 용언은 이와 같이 활용한다. '발달되다'는 '발달되어, 발달되었다'로 활용하기도 하지만 '발달돼, 발달됐다'로 줄어들기도 한다.

　※ 모음 'ㅗ'로 끝나는 용언은 모음어미와 결합할 때 줄어들기도 한다. '보다'는 모음어미와 결합하면 '보아', '보았다'와 같이 활용하는데 '봐, 봤다'와 같이 줄어들기도 한다. 구어에서는 '봐, 봤다'가 주로 사용된다.

　※ 모음 'ㅜ'로 끝나는 용언은 모음어미와 결합할 때 줄어들기도 한다. '주어, 주었다'는 '줘, 줬다'로 줄어들기도 한다. 구어에서는 '줘, 줬다'의 활용형이 주로 사용된다.

　※ 모음 'ㅣ'로 끝나는 용언은 모음어미와 결합할 때 줄어들기도 한다. '기다리다'는 '기다리어, 기다리었다'로 활용하지만 '기다려, 기다렸다'로 줄어들기도 한다. 구어에서는 '기다려, 기다렸다' 활용형이 주로 사용된다.

01... 종결 어미

02··· 연결 어미

03... 전성 어미

04... 선어말 어미

종결어미는 문장의 종류를 결정한다. 듣는 이에게 어떤 사태를 설명하거나 진술하는 평서문, 듣는 이에게 어떤 사실에 대해 질문을 하는 의문문, 듣는 이에게 행동을 요구하는 명령문, 듣는 이에게 말하는 이가 자신의 행동에 참여할 것을 요구하는 청유문, 사태에 대한 말하는 이의 감탄을 나타내는 감탄문 등이 모두 종결어미에 의해 표현된다. 또한 종결어미는 말하는 이와 듣는 이의 사회적 지위를 드러낸다. 듣는 이가 말하는 이보다 사회적 지위가 높으면 높임을 나타내는 종결어미를 사용한다. 여기에 더해서 문장이 가리키는 사태에 대한 화자의 태도 역시 종결어미에 의해 표현된다. 이처럼 한국어에서 종결어미는 다양한 기능을 수행하는 어미이다.

종
결
어
미

1

자음어미

자음어미는 자음으로 시작하는 어미를 가리킨다. '-거든'과 같은 어미
는 'ㄱ'이라는 자음으로 시작한다. 자음어미 중에서 'ㄱ, ㄷ, ㅈ' 등으로
시작하는 어미는 동사나 형용사의 어간이 'ㄱ, ㄷ, ㅂ' 등의 자음으로
끝나면 'ㄲ, ㄸ, ㅉ' 등의 된소리로 발음하게 된다. 'ㄴ'으로 시작하는
자음어미 앞에 'ㄱ, ㄷ, ㅂ' 등으로 끝나는 동사나 형용사의 어간이 오
면 'ㅇ, ㄴ, ㅁ'과 같은 비음으로 바뀐다. 자음어미는 아래와 같다.

-거든(요), -ㄴ/는다/-다, -냐, -네(요), -니, -ㅂ/습니다, -자, -잖아(요), -
지(요)

-거든(요)

막다	막거든(요)	싫다	싫거든(요)	허옇다	허옇거든(요)
작다	작거든(요)	담다	담거든(요)	사다	사거든(요)
먹다	먹거든(요)	숨다	숨거든(요)	비싸다	비싸거든(요)
적다	적거든(요)	검다	검거든(요)	좋아하다	좋아하거든(요)
닦다	닦거든(요)	잡다	잡거든(요)	착하다	착하거든(요)
묶다	묶거든(요)	좁다	좁거든(요)	보내다	보내거든(요)
안다	안거든(요)	입다	입거든(요)	서다	서거든(요)
신다	신거든(요)	돕다	돕거든(요)	메다	메거든(요)
앉다	앉거든(요)	곱다	곱거든(요)	세다	세거든(요)
얹다	얹거든(요)	가깝다	가깝거든(요)	펴다	펴거든(요)
않다	않거든(요)	줍다	줍거든(요)	보다	보거든(요)
많다	많거든(요)	없다	없거든(요)	되다	되거든(요)
끊다	끊거든(요)	빼앗다	빼앗거든(요)	고되다	고되거든(요)
받다	받거든(요)	웃다	웃거든(요)	주다	주거든(요)
곧다	곧거든(요)	낫다	낫거든(요)	쉬다	쉬거든(요)
얻다	얻거든(요)	낫다	낫거든(요)	꿰다	꿰거든(요)
깨닫다	깨닫거든(요)	짓다	짓거든(요)	모으다	모으거든(요)
듣다	듣거든(요)	가만있다	가만있거든(요)	아프다	아프거든(요)
살다	살거든(요)	재미있다	재미있거든(요)	쓰다	쓰거든(요)
달다	달거든(요)	찾다	찾거든(요)	크다	크거든(요)
달다	달거든(요)	낮다	낮거든(요)	고르다	고르거든(요)
만들다	만들거든(요)	잊다	잊거든(요)	바르다	바르거든(요)
길다	길거든(요)	늦다	늦거든(요)	부르다	부르거든(요)
밝다	밝거든(요)	쫓다	쫓거든(요)	게으르다	게으르거든(요)
밝다	밝거든(요)	맡다	맡거든(요)	이르다	이르거든(요)
읽다	읽거든(요)	같다	같거든(요)	푸르다	푸르거든(요)
붉다	붉거든(요)	붙다	붙거든(요)	띠다	띠거든(요)
삶다	삶거든(요)	짙다	짙거든(요)	희다	희거든(요)
굶다	굶거든(요)	갚다	갚거든(요)	기다리다	기다리거든(요)
젊다	젊거든(요)	높다	높거든(요)	느리다	느리거든(요)
밟다	밟거든(요)	짚다	짚거든(요)	이다	이거든(요)
넓다	넓거든(요)	깊다	깊거든(요)	아니다	아니거든(요)
핥다	핥거든(요)	놓다	놓거든(요)		
훑다	훑거든(요)	좋다	좋거든(요)	-(으)시-	잡으시거든(요)

읊다	읊거든(요)	넣다	넣거든(요)	-았/었-	잡았거든(요)
앓다	앓거든(요)	빨갛다	빨갛거든(요)	-았/었-	먹었거든(요)
옳다	옳거든(요)	벌겋다	벌겋거든(요)	-겠-	잡겠거든(요)
잃다	잃거든(요)	하얗다	하얗거든(요)		

의미와 용법

어떤 이유나 사실을 당연한 듯이 말할 때에 사용한다. 주로 구어에서 사용한다. '-거든'은 듣는 사람이 말하는 사람보다 아랫사람이거나 친한 사이에서 사용하며, '-거든요'는 윗사람에게 사용한다.

> 저는 커피를 마시면 잠을 못 자거든요. 그래서 잘 안 마셔요.
> 안나 씨는 한국어를 못해요. 한국 사람이 아니거든요.

활용과 발음

※ '-거든(요)'의 두음은 'ㄱ'은 'ㄱ, ㄴ, ㄲ, ㄷ, ㅁ, ㅂ, ㅅ, ㅆ, ㅈ, ㅊ, ㅌ, ㅍ'으로 끝나는 어간과 결합하면 된소리인 'ㄲ'이 된다. 예: 막거든[막꺼든], 닦거든[닥꺼든], 안거든[안ː꺼든], 받거든[받꺼든], 담거든[담ː꺼든], 잡거든[잡꺼든], 빼앗거든[빼앋꺼든], 가만있거든[가마닏꺼든], 찾거든[찯꺼든], 쫓거든[쫃꺼든], 맡거든[맏꺼든], 갚거든[갑꺼든]

※ '-거든(요)'의 두음 'ㄱ'은 'ㅎ' 또는 'ㄶ, ㅀ'으로 끝나는 어간과 결합하면 'ㅎ'과 축약이 된다. 예: 놓거든[노커든], 않거든[안커든], 앓거든[알커든]

※ '밝거든, 삶거든, 넓거든, 핥거든, 훑거든, 읊거든'은 '[발꺼든], [삼ː꺼든], [널꺼든], [할꺼든], [훌꺼든], [읍꺼든]'으로 발음한다. '밟거든'은 '[밥ː꺼든]'으로 발음한다.

※ '없거든'은 '[업ː꺼든]'으로 발음한다.

※ '앉거든'는 '[안꺼든]'으로 발음한다.

-ㄴ/는다/-다

막다	막는다	싫다	싫다	허옇다	허옇다
작다	작다	담다	담는다	사다	산다
먹다	먹는다	숨다	숨는다	비싸다	비싸다
적다	적다	검다	검다	좋아하다	좋아한다
닦다	닦는다	잡다	잡는다	착하다	착하다
묶다	묶는다	좁다	좁다	보내다	보낸다
안다	안는다	입다	입는다	서다	선다
신다	신는다	돕다	돕는다	메다	멘다
앉다	앉는다	곱다	곱다	세다	세다
얹다	얹는다	가깝다	가깝다	펴다	편다
않다	않는다	줍다	줍는다	보다	본다
많다	많다	없다	없다	되다	된다
끊다	끊는다	빼앗다	빼앗는다	고되다	고되다
받다	받는다	웃다	웃는다	주다	준다
곧다	곧다	낫다	낫는다	쉬다	쉰다
얻다	얻는다	낮다	낮다	꿰다	꿴다
깨닫다	깨닫는다	짓다	짓는다	모으다	모은다
듣다	듣는다	가만있다	가만있는다	아프다	아프다
살다	산다	재미있다	재미있다	쓰다	쓴다
달다	단다	찾다	찾는다	크다	큰다
달다	달다	낳다	낳다	고르다	고른다
만들다	만든다	잇다	잇는다	바르다	바르다
길다	길다	늦다	늦다	부르다	부른다
밝다	밝는다	쫓다	쫓는다	게으르다	게으르다
밝다	밝다	맡다	맡는다	이르다	이른다
읽다	읽는다	같다	같다	푸르다	푸르다
붉다	붉다	붙다	붙는다	띄다	띈다
삶다	삶는다	짙다	짙다	희다	희다
굶다	굶는다	갚다	갚는다	기다리다	기다린다
젊다	젊다	높다	높다	느리다	느리다
밟다	밟는다	짚다	짚는다	이다	이다
넓다	넓다	깊다	깊다	아니다	아니다
핥다	핥는다	놓다	놓는다		
훑다	훑는다	좋다	좋다	-(으)시-	잡으신다

읊다	읊는다	넣다	넣는다	-(으)시-	아프시다
앓다	앓는다	빨갛다	빨갛다	-았/었-	막았다
옳다	옳다	벌겋다	벌겋다	-았/었-	먹었다
잃다	잃는다	하얗다	하얗다	-겠-	먹었겠다

의미와 용법

주로 현재의 사실이나 행위를 서술하면서 문장을 끝맺을 때에 사용한다. 신문, 서적 등 객관적인 글에 사용하며, 구어적 상황에서는 듣는 사람이 말하는 사람보다 아랫사람이거나 친한 친구 사이에 사용할 수 있다.

　　학생들은 도서관에서 책을 읽는다.

　　철수는 아침밥을 꼭 먹는다.

활용 및 발음

※ 동사 어간은 '-ㄴ/는다'와 결합하고 형용사 어간은 '-다'와 결합한다. 예. 막다-막는다, 가다-간다, 작다-작다

※ 동사 어간 가운데 자음으로 끝나는 어간은 '-는다'와 결합하고 모음으로 끝나는 어간은 '-ㄴ다'와 결합한다. 'ㄹ'로 끝나는 어간은 'ㄹ'을 탈락시키고 '-ㄴ다'와 결합한다. 예. 막다-막는다, 가다-간다, 살다-산다

※ '막는다, 밝는다, 닦는다, 읽는다'는 '[망는다], [방는다], [당는다], [잉는다]'와 같이 발음한다.

※ '않는다, 받는다, 짓는다, 가만있는다, 잊는다, 쫓는다, 믿는다, 넣는다'는 '[안는다], [반는다], [진는다], [가마닌는다], [인는다], [쫀는다], [민는다], [넌는다]와 같이 발음한다.

※ '집는다, 갚는다, 읊는다'는 '[짐는다], [감는다], [음는다]'와 같이 발음한다.

※ '밟는다, 핥는다, 잃는다'는 '[밤ː는다], [할른다], [일른다]'와 같이 발음한다.

-냐

막다	막냐	싫다	싫냐	허옇다	허옇냐
작다	작냐	담다	담냐	사다	사냐
먹다	먹냐	숨다	숨냐	비싸다	비싸냐
적다	적냐	검다	검냐	좋아하다	좋아하냐
닦다	닦냐	잡다	잡냐	착하다	착하냐
묶다	묶냐	좁다	좁냐	보내다	보내냐
안다	안냐	입다	입냐	서다	서냐
신다	신냐	돕다	돕냐	메다	메냐
앉다	앉냐	곱다	곱냐	세다	세냐
얹다	얹냐	가깝다	가깝냐	펴다	펴냐
않다	않냐	줍다	줍냐	보다	보냐
많다	많냐	없다	없냐	되다	되냐
끊다	끊냐	빼앗다	빼앗냐	고되다	고되냐
받다	받냐	웃다	웃냐	주다	주냐
곧다	곧냐	낫다	낫냐	쉬다	쉬냐
얻다	얻냐	낫다	낫냐	꿰다	꿰냐
깨닫다	깨닫냐	짓다	짓냐	모으다	모으냐
듣다	듣냐	가만있다	가만있냐	아프다	아프냐
살다	사냐	재미있다	재미있냐	쓰다	쓰냐
달다	다냐	찾다	찾냐	크다	크냐
달다	다냐	낮다	낮냐	고르다	고르냐
만들다	만드냐	잊다	잊냐	바르다	바르냐
길다	기냐	늦다	늦냐	부르다	부르냐
밝다	밝냐	쫓다	쫓냐	게으르다	게으르냐
밝다	밝냐	맡다	맡냐	이르다	이르냐
읽다	읽냐	같다	같냐	푸르다	푸르냐
붉다	붉냐	붙다	붙냐	띄다	띄냐
삶다	삶냐	짙다	짙냐	희다	희냐
굶다	굶냐	갚다	갚냐	기다리다	기다리냐
젊다	젊냐	높다	높냐	느리다	느리냐
밟다	밟냐	짚다	짚냐	이다	이냐
넓다	넓냐	깊다	깊냐	아니다	아니냐
핥다	핥냐	놓다	놓냐		
훑다	훑냐	좋다	좋냐	-(으)시-	잡으시냐

읊다	읊냐	넣다	넣냐	-았/었-	잡았냐
앓다	앓냐	빨갛다	빨갛냐	-았/었-	먹었냐
옳다	옳냐	벌겋다	벌겋냐	-겠-	잡겠냐
잃다	잃냐	하얗다	하얗냐		

의미와 용법

말하는 사람이 듣는 사람에게 질문을 할 때 사용한다. 듣는 사람이 말하는 사람보다 아랫사람이거나 친한 사이에서 사용하며, 주로 구어에서 사용한다. '-니'에 비하여 좀 덜 부드럽게 묻는 느낌을 준다.

> 너는 지금 밥을 먹냐?
> 아직 10시밖에 안 되었는데 자냐?
> 걔가 이거 도와주겠냐?
> 어머니는 어디 갔다 오시냐?

활용 및 발음

※ 원래는 동사 어간 뒤에는 '-느냐', 형용사 어간 뒤에는 '-(으)냐'가 결합했으나 최근에는 동사 어간과 형용사 어간 뒤에 모두 '-냐'를 결합하는 것이 일반적이다. 예를 들어 '가느냐'는 좀 옛말투의 느낌이 든다.

※ '막냐, 밝냐, 닦냐, 읽냐'는 '[망냐], [방냐], [당냐], [잉냐]'와 같이 발음한다.

※ '앓냐, 받냐, 짓냐, 가만있냐, 늦냐, 쫓냐, 믿냐, 좋냐'는 '[안냐], [반냐], [진냐], [가마닌냐], [는냐], [쫀냐], [민냐], [존냐]'와 같이 발음한다.

※ '집냐, 없냐, 갚냐, 읊냐'는 '[짐냐], [엄:냐], [감냐], [음냐]'와 같이 발음한다.

※ 'ㄹ'로 끝나는 용언은 '-냐'와 결합하면 'ㄹ'이 탈락한다. 살다-사냐, 길다-기냐

※ '넓냐, 핥냐, 잃냐'는 '[널랴], [할랴], [일랴]'와 같이 발음하지만 '밟냐'는 '[밤:냐]'와 같이 발음한다.

–네(요)

막다	막네(요)	싫다	싫네(요)	허옇다	허옇네(요)
작다	작네(요)	담다	담네(요)	사다	사네(요)
먹다	먹네(요)	숨다	숨네(요)	비싸다	비싸네(요)
적다	적네(요)	검다	검네(요)	좋아하다	좋아하네(요)
닦다	닦네(요)	잡다	잡네(요)	착하다	착하네(요)
묶다	묶네(요)	좁다	좁네(요)	보내다	보내네(요)
안다	안네(요)	입다	입네(요)	서다	서네(요)
신다	신네(요)	돕다	돕네(요)	메다	메네(요)
앉다	앉네(요)	곱다	곱네(요)	세다	세네(요)
얹다	얹네(요)	가깝다	가깝네(요)	펴다	펴네(요)
않다	않네(요)	줍다	줍네(요)	보다	보네(요)
많다	많네(요)	없다	없네(요)	되다	되네(요)
끊다	끊네(요)	빼앗다	빼앗네(요)	고되다	고되네(요)
받다	받네(요)	웃다	웃네(요)	주다	주네(요)
곧다	곧네(요)	낫다	낫네(요)	쉬다	쉬네(요)
얻다	얻네(요)	낫다	낫네(요)	꿰다	꿰네(요)
깨닫다	깨닫네(요)	짓다	짓네(요)	모으다	모으네(요)
듣다	듣네(요)	가만있다	가만있네(요)	아프다	아프네(요)
살다	사네(요)	재미있다	재미있네(요)	쓰다	쓰네(요)
달다	다네(요)	찾다	찾네(요)	크다	크네(요)
달다	다네(요)	낮다	낮네(요)	고르다	고르네(요)
만들다	만드네(요)	잊다	잊네(요)	바르다	바르네(요)
길다	기네(요)	늦다	늦네(요)	부르다	부르네(요)
밝다	밝네(요)	쫓다	쫓네(요)	게으르다	게으르네(요)
밝다	밝네(요)	맡다	맡네(요)	이르다	이르네(요)
읽다	읽네(요)	같다	같네(요)	푸르다	푸르네(요)
붉다	붉네(요)	붙다	붙네(요)	띠다	띠네(요)
삶다	삶네(요)	짙다	짙네(요)	희다	희네(요)
굶다	굶네(요)	갚다	갚네(요)	기다리다	기다리네(요)
젊다	젊네(요)	높다	높네(요)	느리다	느리네(요)
밟다	밟네(요)	짚다	짚네(요)	이다	이네(요)
넓다	넓네(요)	깊다	깊네(요)	아니다	아니네(요)
핥다	핥네(요)	놓다	놓네(요)		
훑다	훑네(요)	좋다	좋네(요)	-(으)시-	잡으시네(요)

읊다	읊네(요)	넣다	넣네(요)	-았/었-	잡았네(요)
앓다	앓네(요)	빨갛다	빨갛네(요)	-았/었-	먹었네(요)
옳다	옳네(요)	벌겋다	벌겋네(요)	-겠-	잡겠네(요)
잃다	잃네(요)	하얗다	하얗네(요)		

의미와 용법

말하는 사람이 직접 경험하여 새롭게 알게 된 사실을 나타낸다. 흔히 감탄의 뜻으로 사용한다. '-네'는 듣는 사람이 말하는 사람보다 아랫사람이거나 친한 사이에서 사용하며, '-네요'는 윗사람에게 사용한다.

다니엘 씨는 한국어 발음이 정말 좋네요.

오늘은 눈이 많이 오네요.

활용 및 발음

※ '막네, 밝네, 닦네, 읽네'는 '[망네], [방네], [당네], [잉네]'와 같이 발음한다.
※ '앓네, 받네, 짓네, 가만있네, 늦네, 쫓네, 밑네, 좋네'는 '[안네], [반네], [진네], [가마닌네], [는네], [쫀네], [민네], [존네]'와 같이 발음한다.
※ '집네, 없네, 값네, 읊네'는 '[짐네], [엄:네], [감네], [음네]'와 같이 발음한다.
※ 'ㄹ'로 끝나는 용언은 '-네'와 결합하면 'ㄹ'이 탈락한다. 살다-사네, 길다-기네
※ '넓네, 핥네, 잃네'는 '[널레], [할레], [일레]'와 같이 발음하지만 '밟네'는 '[밤:네]'와 같이 발음한다.

-는구나/-구나

막다	막는구나	싫다	싫구나	허옇다	허옇구나
작다	작구나	담다	담는구나	사다	사는구나
먹다	먹는구나	숨다	숨는구나	비싸다	비싸구나
적다	적구나	검다	검구나	좋아하다	좋아하는구나
닦다	닦는구나	잡다	잡는구나	착하다	착하구나
묶다	묶는구나	좁다	좁구나	보내다	보내는구나
안다	안는구나	입다	입는구나	서다	서는구나
신다	신는구나	돕다	돕는구나	메다	메는구나
앉다	앉는구나	곱다	곱구나	세다	세구나
얹다	얹는구나	가깝다	가깝구나	펴다	펴는구나
않다	않는구나	줍다	줍는구나	보다	보는구나
많다	많구나	없다	없구나	되다	되는구나
끊다	끊는구나	빼앗다	빼앗는구나	고되다	고되구나
받다	받는구나	웃다	웃는구나	주다	주는구나
곧다	곧구나	낫다	낫는구나	쉬다	쉬는구나
얻다	얻는구나	낫다	낫구나	꿰다	꿰는구나
깨닫다	깨닫는구나	짓다	짓는구나	모으다	모으는구나
듣다	듣는구나	가만있다	가만있는구나	아프다	아프구나
살다	사는구나	재미있다	재미있구나	쓰다	쓰는구나
달다	다는구나	찾다	찾는구나	크다	크구나
달다	달구나	낮다	낮구나	고르다	고르는구나
만들다	만드는구나	잊다	잊는구나	바르다	바르구나
길다	길구나	늦다	늦구나	부르다	부르는구나
밝다	밝는구나	쫓다	쫓는구나	게으르다	게으르구나
밝다	밝구나	맡다	맡는구나	이르다	이르는구나
읽다	읽는구나	같다	같구나	푸르다	푸르구나
붉다	붉구나	붙다	붙는구나	띄다	띄는구나
삶다	삶는구나	짙다	짙구나	희다	희구나
굶다	굶는구나	갚다	갚는구나	기다리다	기다리는구나
젊다	젊구나	높다	높구나	느리다	느리구나
밟다	밟는구나	짚다	짚는구나	이다	이구나
넓다	넓구나	깊다	깊구나	아니다	아니구나
핥다	핥는구나	놓다	놓는구나	-(으)시-	잡으시는구나
훑다	훑는구나	좋다	좋구나		

읊다	읊는구나	넣다	넣는구나	-(으)시-	아프시구나
앓다	앓는구나	빨갛다	빨갛구나	-았/었-	막았구나
옳다	옳구나	벌겋다	벌겋구나	-았/었-	먹었구나
잃다	잃는구나	하얗다	하얗구나	-겠-	먹었겠구나

의미와 용법

주로 혼잣말에 쓰여, 화자가 새롭게 알게 된 사실을 서술할 때 사용한다.
흔히 감탄의 뜻이 수반된다.

　　나만 혼자서 영화를 보는구나.

　　네가 이렇게 성인이 된 줄을 나는 몰랐구나.

　　너도 아빠가 미웠겠구나.

　　경치가 참 아름답구나.

활용 및 발음

※ 동사 어간은 '-는구나'와 결합하고 형용사 어간은 '-다'와 결합한다.
　예. 막다-막는구나, 가다-가는구나, 작다-작구나

※ '-았/었-', '-겠-' 뒤에는 '-구나'가 결합한다. 예. 가다-갔구나, 먹다-먹
　었구나, 보다-보겠구나

※ 동사 어간 가운데 'ㄹ'로 끝나는 어간은 'ㄹ'을 탈락시키고 '-는구나'
　와 결합한다. 예. 살다-사는구나

※ '막는구나, 밝는구나, 닦는구나, 읽는구나'는 '[망는구나],'[방는구나],
　[당는구나], [잉는구나]'와 같이 발음한다.

※ '앉는구나, 받는구나, 짓는구나, 가만있는구나, 쫓는구나, 믿는구나, 넣
　는구나'는 '[안는구나], [반는구나], [진는구나], [가마닌는구나], [쫀는
　구나], [민는구나], [넌는구나]'와 같이 발음한다.

※ '집는구나, 갚는구나, 읊는구나'는 '[짐는구나], [감는구나], [음는구
　나]'와 같이 발음한다.

※ '밟는구나, 핥는구나, 잃는구나'는 '[밤:는구나], [할른구나], [일른구
　나]'와 같이 발음한다.

-니

막다	막니	싫다	싫니	허옇다	허옇니
작다	작니	담다	담니	사다	사니
먹다	먹니	숨다	숨니	비싸다	비싸니
적다	적니	검다	검니	좋아하다	좋아하니
닦다	닦니	잡다	잡니	착하다	착하니
묶다	묶니	좁다	좁니	보내다	보내니
안다	안니	입다	입니	서다	서니
신다	신니	돕다	돕니	메다	메니
앉다	앉니	곱다	곱니	세다	세니
얹다	얹니	가깝다	가깝니	펴다	펴니
않다	않니	줍다	줍니	보다	보니
많다	많니	없다	없니	되다	되니
끊다	끊니	빼앗다	빼앗니	고되다	고되니
받다	받니	웃다	웃니	주다	주니
곧다	곧니	낫다	낫니	쉬다	쉬니
얻다	얻니	낳다	낳니	꿰다	꿰니
깨닫다	깨닫니	짓다	짓니	모으다	모으니
듣다	듣니	가만있다	가만있니	아프다	아프니
살다	사니	재미있다	재미있니	쓰다	쓰니
달다	다니	찾다	찾니	크다	크니
달다	다니	낮다	낮니	고르다	고르니
만들다	만드니	잇다	잇니	바르다	바르니
길다	기니	늦다	늦니	부르다	부르니
밝다	밝니	쫓다	쫓니	게으르다	게으르니
밝다	밝니	맡다	맡니	이르다	이르니
읽다	읽니	같다	같니	푸르다	푸르니
붉다	붉니	붙다	붙니	띠다	띠니
삶다	삶니	짙다	짙니	희다	희니
굶다	굶니	갚다	갚니	기다리다	기다리니
젊다	젊니	높다	높니	느리다	느리니
밟다	밟니	짚다	짚니	이다	이니
넓다	넓니	깊다	깊니	아니다	아니니
핥다	핥니	놓다	놓니		
훑다	훑니	좋다	좋니	-(으)시-	잡으시니

읊다	읊니	넣다	넣니	-았/었-	잡았니
앓다	앓니	빨갛다	빨갛니	-았/었-	먹었니
옳다	옳니	벌겋다	벌겋니	-겠-	잡겠니
잃다	잃니	하얗다	하얗니		

의미와 용법

말하는 사람이 듣는 사람에게 질문을 할 때 사용한다. 듣는 사람이 말하는 사람보다 아랫사람이거나 친한 사이에서 사용하며, 주로 구어에서 사용한다. '-냐'에 비하여 좀 더 친밀하고 부드럽게 묻는 느낌을 준다.

너는 지금 밥을 먹니?

아직 10시밖에 안 되었는데 자니?

이것 좀 네가 해 주겠니?

어머니는 어디 갔다 오시니?

활용 및 발음

※ '막니, 밝니, 닭니, 읽니'는 '[망니],'[방니], [당니], [잉니]'와 같이 발음한다.

※ '앉니, 받니, 짓니, 가만있니, 늦니, 쫓니, 밀니, 좋니'는 '[반니], [진니], [가마넌니], [는니], [쫀니], [민니]. [존니]와 같이 발음한다.

※ '집니, 없니, 갔니, 읊니'는 '[짐니], [엄:니], [감니], [음니]'와 같이 발음한다.

※ 'ㄹ'로 끝나는 용언은 '-니'와 결합하면 'ㄹ'이 탈락한다. 살다-사니, 길다-기니

※ '넓니, 핥니, 잃니'는 '[널리], [할리], [일리]'와 같이 발음하지만 '밟니'는 '[밤:니]'와 같이 발음한다.

- ㅂ/습니다

막다	막습니다	싫다	싫습니다	허옇다	허옇습니다
작다	작습니다	담다	담습니다	사다	삽니다
먹다	먹습니다	숨다	숨습니다	비싸다	비쌉니다
적다	적습니다	검다	검습니다	좋아하다	좋아합니다
닦다	닦습니다	잡다	잡습니다	착하다	착합니다
묶다	묶습니다	좁다	좁습니다	보내다	보냅니다
안다	안습니다	입다	입습니다	서다	섭니다
신다	신습니다	돕다	돕습니다	메다	멥니다
앉다	앉습니다	곱다	곱습니다	세다	셉니다
얹다	얹습니다	가깝다	가깝습니다	펴다	폅니다
않다	않습니다	줍다	줍습니다	보다	봅니다
많다	많습니다	없다	없습니다	되다	됩니다
끊다	끊습니다	빼앗다	빼앗습니다	고되다	고됩니다
받다	받습니다	웃다	웃습니다	주다	줍니다
곧다	곧습니다	낫다	낫습니다	쉬다	쉽니다
얻다	얻습니다	낮다	낮습니다	꿰다	꿱니다
깨닫다	깨닫습니다	짓다	짓습니다	모으다	모읍니다
듣다	듣습니다	가만있다	가만있습니다	아프다	아픕니다
살다	삽니다	재미있다	재미있습니다	쓰다	씁니다
달다	답니다	찾다	찾습니다	크다	큽니다
달다	답니다	낯다	낯습니다	고르다	고릅니다
만들다	만듭니다	잇다	잇습니다	바르다	바릅니다
길다	깁니다	늦다	늦습니다	부르다	부릅니다
밝다	밝습니다	쫓다	쫓습니다	게으르다	게으릅니다
밝다	밝습니다	맡다	맡습니다	이르다	이릅니다
읽다	읽습니다	같다	같습니다	푸르다	푸릅니다
붉다	붉습니다	붙다	붙습니다	띄다	띕니다
삶다	삶습니다	짙다	짙습니다	희다	흽니다
굶다	굶습니다	갚다	갚습니다	기다리다	기다립니다
젊다	젊습니다	높다	높습니다	느리다	느립니다
밟다	밟습니다	짚다	짚습니다	이다	입니다
넓다	넓습니다	깊다	깊습니다	아니다	아닙니다
핥다	핥습니다	놓다	놓습니다		
훑다	훑습니다	좋다	좋습니다	-(으)시-	잡으십니다

읊다	읊습니다	넣다	넣습니다	-았/었-	잡았습니다
앓다	앓습니다	빨갛다	빨갛습니다	-았/었-	먹었습니다
옳다	옳습니다	벌겋다	벌겋습니다	-겠-	잡겠습니다
잃다	잃습니다	하얗다	하얗습니다		

의미와 용법

사실을 말하며 알림을 나타낸다. 평서형 종결 어미 중 가장 상대방을 높이는 최고 높임의 뜻을 가지며, 격식적인 상황에서 말하는 사람이 듣는 사람에게 현재의 상황이나 동작에 대해 정중하게 설명할 때 사용한다.

민수는 학교에 갑니다.

저는 한국 사람이 아닙니다.

이 책은 15,000원입니다.

활용 및 발음

※ 자음으로 끝나는 어간은 '-습니다'와 결합하고 모음으로 끝나는 어간은 '-ㅂ니다'와 결합한다. 'ㄹ'로 끝나는 어간은 'ㄹ'이 탈락하고 '-ㅂ니다'와 결합한다. 예. 막다-막습니다. 가다-갑니다. 살다-삽니다

※ '-습니다'의 두음 'ㅅ'은 'ㄱ, ㄴ, ㄲ, ㄷ, ㅁ, ㅂ, ㅅ, ㅆ, ㅈ, ㅊ, ㅌ, ㅍ'으로 끝나는 어간과 결합하면 된소리가 된다. 예: 막습니다[막씀니다], 닦습니다[닥씀니다], 안습니다[안:씀니다], 받습니다[받씀니다], 담습니다[담:씀니다], 잡습니다[잡씀니다], 빼앗습니다[빼앋씀니다], 가만있습니다[가마닏씀니다], 찾습니다[찯씀니다], 쫓습니다[쫀씀니다], 맡습니다[맏씀니다], 갚습니다[갑씀니다]

※ 어미의 두음 'ㅅ'은 'ㅎ' 또는 'ㄶ, ㅀ'으로 끝나는 어간과 결합하면 'ㅎ'과 축약이 된다. 예: 놓습니다[노씀니다], 않습니다[안씀니다], 앓습니다[알씀니다]

※ '밝습니다, 삶습니다, 밟습니다, 넓습니다, 핥습니다, 훑습니다, 읊습니다'는 '[박씀니다], [삼:씀니다], [밥:씀니다], [널씀니다], [할씀니다], [훌씀니다], [읍씀니다]'으로 발음한다.

※ '없습니다'은 '[업:씀니다]'으로 발음한다.

※ '앉습니다'는 '[안씀니다]'으로 발음한다.

-자

막다	막자	싫다	~~싫자~~	허옇다	~~허옇자~~
작다	~~작자~~	담다	담자	사다	사자
먹다	먹자	숨다	숨자	비싸다	~~비싸자~~
적다	적자	검다	~~검자~~	좋아하다	좋아하자
닦다	닦자	잡다	잡자	착하다	~~착하자~~
묶다	묶자	좁다	~~좁자~~	보내다	보내자
안다	안자	입다	입자	서다	서자
신다	신자	돕다	돕자	메다	메자
앉다	앉자	곱다	~~곱자~~	세다	~~세자~~
얹다	얹자	가깝다	~~가깝자~~	펴다	펴자
않다	~~않자~~	줍다	줍자	보다	보자
많다	~~많자~~	없다	~~없자~~	되다	되자
끊다	끊자	빼앗다	빼앗자	고되다	~~고되자~~
받다	받자	웃다	웃자	주다	주자
곧다	~~곧자~~	낫다	낫자	쉬다	쉬자
얻다	얻자	낮다	~~낮자~~	꿰다	꿰자
깨닫다	깨닫자	짓다	짓자	모으다	모으자
듣다	듣자	가만있다	가만있자	아프다	~~아프자~~
살다	살자	재미있다	~~재미있자~~	쓰다	쓰자
달다	달자	찾다	찾자	크다	~~크자~~
달다	~~달자~~	낮다	~~낮자~~	고르다	고르자
만들다	만들자	잊다	잊자	바르다	~~바르자~~
길다	~~길자~~	늦다	~~늦자~~	부르다	부르자
밝다	~~밝자~~	쫓다	쫓자	게으르다	~~게으르자~~
밝다	~~밝자~~	맡다	맡자	이르다	이르자
읽다	읽자	같다	~~같자~~	푸르다	~~푸르자~~
붉다	~~붉자~~	붙다	붙자	띠다	띠자
삶다	삶자	짙다	~~짙자~~	희다	~~희자~~
굶다	굶자	갚다	갚자	기다리다	기다리자
젊다	~~젊자~~	높다	~~높자~~	느리다	~~느리자~~
밟다	밟자	짚다	짚자	이다	~~어자~~
넓다	~~넓자~~	같다	~~같자~~	아니다	~~아니자~~
핥다	핥자	놓다	놓자		
훑다	훑자	좋다	~~좋자~~	-(으)시-	~~잡으시자~~

읊다	읊자	넣다	넣자	-았/었-	잡았자
앓다	앓자	빨갛다	빨갛자	-았/었-	먹었자
옳다	옳자	벌겋다	벌겋자	-겠-	잡겠자
잃다	잃자	하얗다	하얗자		

의미와 용법

(동사에 붙어) 말하는 사람이 듣는 사람에게 어떤 행동을 같이 할 것을 권유, 제안, 요청할 때 사용한다. 듣는 사람이 말하는 사람보다 아랫사람이거나 친한 사이에서 사용하며, 주로 구어에서 사용한다.

    이번 주말에 연극을 보러 가자.

    점심을 먹고 나서 산책을 하자.

활용 및 발음

※ '-자'는 듣는 사람에게 행동할 것을 요청하는 의미로 사용하기 때문에 형용사 어간과 결합하여 사용하기 어렵다. 또한 동사 가운데에서 주어가 의지를 가지고 행동하는 의미를 표현하지 않는 동사는 '-자'와 결합하기 어렵다.

※ '-자 '는 선어말어미와 결합하지 않고 동사 어간과 직접 결합하여 사용된다.

※ 어미의 두음은 'ㄱ, ㄴ, ㄲ, ㄷ, ㅁ, ㅂ, ㅅ, ㅆ, ㅈ, ㅊ, ㅌ, ㅍ'으로 끝나는 어간과 결합하면 된소리가 된다. 예: 막자[막짜], 닦자[닥까], 안자[안:짜], 받자[받짜], 담자[담:짜], 잡자[잡짜], 빼앗자[빼앋짜], 가만있자[가마닏짜], 찾자[찯짜], 쫓자[쫃짜], 맡자[맏짜], 갚자[갑짜]

※ '-자'의 두음 'ㅎ'은 'ㅎ' 또는 'ㅀ'으로 끝나는 어간과 결합하면 'ㅎ'과 축약이 된다. 예: 놓자[노차], 앓자[알차]

※ '읽자, 삶자, 밟자, 핥자, 훑자, 읊자'는 '[익짜], [삼:짜], [밥:짜], [할짜], [훌짜], [읍짜]'로 발음한다.

※ '앉자'는 '[안짜]'로 발음한다.

-잖아(요)

막다	막잖아(요)	싫다	싫잖아(요)	허옇다	허옇잖아(요)
작다	작잖아(요)	담다	담잖아(요)	사다	사잖아(요)
먹다	먹잖아(요)	숨다	숨잖아(요)	비싸다	비싸잖아(요)
적다	적잖아(요)	검다	검잖아(요)	좋아하다	좋아하잖아(요)
닦다	닦잖아(요)	잡다	잡잖아(요)	착하다	착하잖아(요)
묶다	묶잖아(요)	좁다	좁잖아(요)	보내다	보내잖아(요)
안다	안잖아(요)	입다	입잖아(요)	서다	서잖아(요)
신다	신잖아(요)	돕다	돕잖아(요)	메다	메잖아(요)
앉다	앉잖아(요)	곱다	곱잖아(요)	세다	세잖아(요)
얹다	얹잖아(요)	가깝다	가깝잖아(요)	펴다	펴잖아(요)
않다	않잖아(요)	줍다	줍잖아(요)	보다	보잖아(요)
많다	많잖아(요)	없다	없잖아(요)	되다	되잖아(요)
끊다	끊잖아(요)	빼앗다	빼앗잖아(요)	고되다	고되잖아(요)
받다	받잖아(요)	웃다	웃잖아(요)	주다	주잖아(요)
곧다	곧잖아(요)	낫다	낫잖아(요)	쉬다	쉬잖아(요)
얻다	얻잖아(요)	낮다	낮잖아(요)	꿰다	꿰잖아(요)
깨닫다	깨닫잖아(요)	짓다	짓잖아(요)	모으다	모으잖아(요)
듣다	듣잖아(요)	가만있다	가만있잖아(요)	아프다	아프잖아(요)
살다	살잖아(요)	재미있다	재미있잖아(요)	쓰다	쓰잖아(요)
달다	달잖아(요)	찾다	찾잖아(요)	크다	크잖아(요)
달다	달잖아(요)	낮다	낮잖아(요)	고르다	고르잖아(요)
만들다	만들잖아(요)	잊다	잊잖아(요)	바르다	바르잖아(요)
길다	길잖아(요)	늦다	늦잖아(요)	부르다	부르잖아(요)
밝다	밝잖아(요)	쫓다	쫓잖아(요)	게으르다	게으르잖아(요)
밝다	밝잖아(요)	맡다	맡잖아(요)	이르다	이르잖아(요)
읽다	읽잖아(요)	같다	같잖아(요)	푸르다	푸르잖아(요)
붉다	붉잖아(요)	붙다	붙잖아(요)	띄다	띄잖아(요)
삶다	삶잖아(요)	짙다	짙잖아(요)	희다	희잖아(요)
굶다	굶잖아(요)	갚다	갚잖아(요)	기다리다	기다리잖아(요)
젊다	젊잖아(요)	높다	높잖아(요)	느리다	느리잖아(요)
밟다	밟잖아(요)	짚다	짚잖아(요)	이다	이잖아(요)
넓다	넓잖아(요)	깊다	깊잖아(요)	아니다	아니잖아(요)
핥다	핥잖아(요)	놓다	놓잖아(요)		
훑다	훑잖아(요)	좋다	좋잖아(요)	-(으)시-	잡으시잖아(요)

읊다	읊잖아(요)	넣다	넣잖아(요)	-았/었-	잡았잖아(요)
앓다	앓잖아(요)	빨갛다	빨갛잖아(요)	-았/었-	먹었잖아(요)
옳다	옳잖아(요)	벌겋다	벌겋잖아(요)	-겠-	잡겠잖아(요)
잃다	잃잖아(요)	하얗다	하얗잖아(요)		

의미와 용법

말하는 사람이 듣는 사람에게 어떤 상황을 확인시키고자 할 때 사용한다. '-지 않다'가 줄어든 표현이었지만 그 의미가 변하여 독립된 종결어미로 쓰인다. 주로 구어에서 쓰인다. '-잖아'는 듣는 사람이 말하는 사람보다 아랫사람이거나 친한 사이에서 사용하며, '-잖아요'는 윗사람에게 사용한다.

오늘은 비가 오니까 내일 가자고 했잖아(요).

추우니까 목도리를 하라고 했잖아(요).

활용 및 발음

※ 어미의 두음 'ㅈ'은 'ㄱ, ㄴ, ㄲ, ㄷ, ㅁ, ㅂ, ㅅ, ㅆ, ㅈ, ㅊ, ㅌ, ㅍ'으로 끝나는 어간과 결합하면 된소리가 된다. 예: 막잖아[막짜나], 닭잖아[닥짜나], 안잖아[안:짜나], 받잖아[받짜나], 담잖아[담:짜나], 잡잖아[잡짜나], 빼앗잖아[빼앋짜나], 가만있잖아[가마닏짜나], 찾잖아[찯짜나], 쫓잖아[쫃짜나], 맡잖아[맏짜나], 갚잖아[갑짜나]

※ 어미의 두음은 'ㅎ' 또는 'ㄶ, ㅀ'으로 끝나는 어간과 결합하면 'ㅎ'과 축약이 된다. 예: 놓잖아[노차나], 않잖아[안차나], 앓잖아[알차나]

※ '밝잖아, 삶잖아, 밟잖아, 넓잖아, 핥잖아, 훑잖아, 읊잖아'는'[박짜나], [삼:짜나], [밥:짜나], [널짜나], [할짜나], [훌짜나], [읍짜나]'로 발음한다.

※ '없잖아'는 '[업:짜나]'으로 발음한다.

※ '앉잖아'는 '[안짜나]'로 발음한다.

-지(요)

막다	막지(요)	싫다	싫지(요)	허옇다	허옇지(요)
작다	작지(요)	담다	담지(요)	사다	사지(요)
먹다	먹지(요)	숨다	숨지(요)	비싸다	비싸지(요)
적다	적지(요)	검다	검지(요)	좋아하다	좋아하지(요)
닦다	닦지(요)	잡다	잡지(요)	착하다	착하지(요)
묶다	묶지(요)	좁다	좁지(요)	보내다	보내지(요)
안다	안지(요)	입다	입지(요)	서다	서지(요)
신다	신지(요)	돕다	돕지(요)	메다	메지(요)
앉다	앉지(요)	곱다	곱지(요)	세다	세지(요)
얹다	얹지(요)	가깝다	가깝지(요)	펴다	펴지(요)
않다	않지(요)	줍다	줍지(요)	보다	보지(요)
많다	많지(요)	없다	없지(요)	되다	되지(요)
끊다	끊지(요)	빼앗다	빼앗지(요)	고되다	고되지(요)
받다	받지(요)	웃다	웃지(요)	주다	주지(요)
곧다	곧지(요)	낫다	낫지(요)	쉬다	쉬지(요)
얻다	얻지(요)	낳다	낳지(요)	꿰다	꿰지(요)
깨닫다	깨닫지(요)	짓다	짓지(요)	모으다	모으지(요)
듣다	듣지(요)	가만있다	가만있지(요)	아프다	아프지(요)
살다	살지(요)	재미있다	재미있지(요)	쓰다	쓰지(요)
달다	달지(요)	찾다	찾지(요)	크다	크지(요)
달다	달지(요)	낮다	낮지(요)	고르다	고르지(요)
만들다	만들지(요)	잊다	잊지(요)	바르다	바르지(요)
길다	길지(요)	늦다	늦지(요)	부르다	부르지(요)
밝다	밝지(요)	쫓다	쫓지(요)	게으르다	게으르지(요)
밝다	밝지(요)	맡다	맡지(요)	이르다	이르지(요)
읽다	읽지(요)	같다	같지(요)	푸르다	푸르지(요)
붉다	붉지(요)	붙다	붙지(요)	띠다	띠지(요)
삶다	삶지(요)	짙다	짙지(요)	희다	희지(요)
굶다	굶지(요)	갚다	갚지(요)	기다리다	기다리지(요)
젊다	젊지(요)	높다	높지(요)	느리다	느리지(요)
밟다	밟지(요)	짚다	짚지(요)	이다	이지(요)
넓다	넓지(요)	깊다	깊지(요)	아니다	아니지(요)
핥다	핥지(요)	놓다	놓지(요)		
훑다	훑지(요)	좋다	좋지(요)	-(으)시-	잡으시지(요)

읊다	읊지(요)	넣다	넣지(요)	-았/었-	잡았지(요)
앓다	앓지(요)	빨갛다	빨갛지(요)	-았/었-	먹었지(요)
옳다	옳지(요)	벌겋다	벌겋지(요)	-겠-	잡겠지(요)
잃다	잃지(요)	하얗다	하얗지(요)		

의미와 용법

※ '-지'는 듣는 사람이 말하는 사람보다 아랫사람이거나 친한 사이에서
사용하며, '-지요'는 윗사람에게 사용한다.

1) 말하는 사람이 어떠한 사실에 대해 듣는 사람도 알고 있다고 전제하
여 말할 때 사용한다. 주로 상대방의 의견에 동의하거나 사실을 재확
인시킬 때 사용한다.

안나 씨는 한국어를 배운 지 1년이 되었지요.

출근 시간에는 차가 많이 막히지요.

2) 말하는 사람이 어떠한 사실을 듣는 사람도 알고 있다고 생각하고 다
시 한 번 질문할 때 사용한다. 주로 이미 알고 있는 사실을 다시 확인
을 할 때 사용한다.

내일은 태풍이 온다고 하지요?

떡볶이가 많이 맵지요?

활용 및 발음

※ '-지(요)의 두음 'ㅈ'은 'ㄱ, ㄴ, ㄲ, ㄷ, ㅁ, ㅂ, ㅅ, ㅆ, ㅈ, ㅊ, ㅌ, ㅍ'
으로 끝나는 어간과 결합하면 된소리가 된다. 예: 막지[막찌], 닦지[닥찌],
안지[안:찌], 받지[받찌], 담지[담:찌], 잡지[잡찌], 빼앗지[빼앋찌], 가만있
지[가마닏찌], 찾지[찯찌], 쫓지[쫀찌], 맡지[맏찌], 갚지[갑찌]
※ '-지(요)의 두음 'ㅈ'은 'ㅎ' 또는 'ㄶ, ㅀ'으로 끝나는 어간과 결합하면
'ㅎ'과 축약이 된다. 예: 놓지[노치], 앉지[안치], 앓지[알치]
※ '밝지, 삶지, 밟지, 넓지, 핥지, 훑지, 읊지'은 '[박찌], [삼:찌], [밥:찌],
[널찌], [할찌], [훌찌], [읍찌]'으로 발음한다.
※ '없지'는 '[업:찌]'으로 발음한다.
※ '앉지'는 '[안찌]'으로 발음한다.

2

매개모음어미

매개모음 어미는 동사나 형용사의 어간이 자음으로 끝나면 '으'가 나타나고 모음이나 'ㄹ'로 끝나면 으가 나타나지 않는 어미를 가리킨다. 예를 들어 '-(으)세요'는 '막다'의 어간 '막-'과 결합하면 '막으세요'로 나타나고 '가다'의 어간 '가-'와 결합하면 '가세요'로 나타난다. '달다'의 어간 '달-'과 결합하면 '다세요'가 된다. 매개모음 어미는 다음과 같다.

-(으)ㄹ걸(요), -(으)ㄹ게(요), -(으)ㄹ까(요), -(으)ㄹ래(요), -(으)세요

-(으)걸(요)

막다	막을걸(요)	싫다	싫을걸(요)	허옇다	허열걸(요)
작다	작을걸(요)	담다	담을걸(요)	사다	살걸(요)
먹다	먹을걸(요)	숨다	숨을걸(요)	비싸다	비쌀걸(요)
적다	적을걸(요)	검다	검을걸(요)	좋아하다	좋아할걸(요)
닦다	닦을걸(요)	잡다	잡을걸(요)	착하다	착할걸(요)
묶다	묶을걸(요)	좁다	좁을걸(요)	보내다	보낼걸(요)
안다	안을걸(요)	입다	입을걸(요)	서다	설걸(요)
신다	신을걸(요)	돕다	도울걸(요)	메다	멜걸(요)
앉다	앉을걸(요)	곱다	고울걸(요)	세다	셀걸(요)
얹다	얹을걸(요)	가깝다	가까울걸(요)	펴다	펼걸(요)
않다	않을걸(요)	줍다	주울걸(요)	보다	볼걸(요)
많다	많을걸(요)	없다	없을걸(요)	되다	될걸(요)
끓다	끓을걸(요)	빼앗다	빼앗을걸(요)	고되다	고될걸(요)
받다	받을걸(요)	웃다	웃을걸(요)	주다	줄걸(요)
곧다	곧을걸(요)	낫다	나을걸(요)	쉬다	쉴걸(요)
얻다	얻을걸(요)	낫다	나을걸(요)	꿰다	꿸걸(요)
깨닫다	깨달을걸(요)	짓다	지을걸(요)	모으다	모을걸(요)
듣다	들을걸(요)	가만있다	가만있을걸(요)	아프다	아플걸(요)
살다	살걸(요)	재미있다	재미있을걸(요)	쓰다	쓸걸(요)
달다	달걸(요)	찾다	찾을걸(요)	크다	클걸(요)
달다	달걸(요)	낮다	낮을걸(요)	고르다	고를걸(요)
만들다	만들걸(요)	잊다	잊을걸(요)	바르다	바를걸(요)
길다	길걸(요)	늦다	늦을걸(요)	부르다	부를걸(요)
밝다	밝을걸(요)	쫓다	쫓을걸(요)	게으르다	게으를걸(요)
밝다	밝을걸(요)	맡다	맡을걸(요)	이르다	이를걸(요)
읽다	읽을걸(요)	같다	같을걸(요)	푸르다	푸를걸(요)
붉다	붉을걸(요)	붙다	붙을걸(요)	띠다	띨걸(요)
삶다	삶을걸(요)	짙다	짙을걸(요)	희다	흴걸(요)
굶다	굶을걸(요)	갚다	갚을걸(요)	기다리다	기다릴걸(요)
젊다	젊을걸(요)	높다	높을걸(요)	느리다	느릴걸(요)
밟다	밟을걸(요)	짚다	짚을걸(요)	이다	일걸(요)
넓다	넓을걸(요)	깊다	깊을걸(요)	아니다	아닐걸(요)
핥다	핥을걸(요)	놓다	놓을걸(요)		
훑다	훑을걸(요)	좋다	좋을걸(요)	-(으)시-	잡으실걸(요)

읊다	읊을걸(요)	넣다	넣을걸(요)	-았/었-	잡았을걸(요)
앓다	앓을걸(요)	빨갛다	빨갈걸(요)	-았/었-	읽었을걸(요)
옳다	옳을걸(요)	벌겋다	벌걸(요)	-겠-	잡겠을걸(요)
잃다	잃을걸(요)	하얗다	하얄걸(요)		

의미와 용법

어떤 사실에 대한 추측의 뜻을 나타낸다. 주로 구어에서 사용한다. '-(으)르걸'은 듣는 사람이 말하는 사람보다 아랫사람이거나 친한 사이에서 사용하며, '-(으)르걸요'는 윗사람에게 사용한다.

> 지선이는 떡볶이를 먹을걸요.
> 그 사람은 한국에서 유명한 배우일걸.

활용 및 발음

※ '-(으)르걸'의 발음은 '[을껄]'이다.
※ '-(으)르걸요'의 표준 발음은 '[을꺼료]'이지만 현실 발음은 '[을껄료]'이다.
※ 자음으로 끝나는 어간에는 '-을걸요'가 결합하고 모음으로 끝나는 어간에는 '-르걸요'가 결합한다. '르'로 끝나는 어간은 '르'을 탈락시키고 '-르걸요'를 결합한다. 예. 막다-막을걸요, 가다-갈걸요, 살다-살걸요

-(으)ㄹ게(요)

막다	막을게(요)	싫다	싫을게(요)	허옇다	허열게(요)
작다	작을게(요)	담다	담을게(요)	사다	살게(요)
먹다	먹을게(요)	숨다	숨을게(요)	비싸다	비쌀게(요)
적다	적을게(요)	검다	검을게(요)	좋아하다	좋아할게(요)
닦다	닦을게(요)	잡다	잡을게(요)	착하다	착할게(요)
묶다	묶을게(요)	좁다	좁을게(요)	보내다	보낼게(요)
안다	안을게(요)	입다	입을게(요)	서다	설게(요)
신다	신을게(요)	돕다	도울게(요)	메다	멜게(요)
앉다	앉을게(요)	곱다	고울게(요)	세다	셀게(요)
얹다	얹을게(요)	가깝다	가까울게(요)	펴다	펼게(요)
않다	않을게(요)	줍다	주울게(요)	보다	볼게(요)
많다	많을게(요)	없다	없을게(요)	되다	될게(요)
끊다	끊을게(요)	빼앗다	빼앗을게(요)	고되다	고될게(요)
받다	받을게(요)	웃다	웃을게(요)	주다	줄게(요)
곧다	곧을게(요)	낫다	나을게(요)	쉬다	쉴게(요)
얻다	얻을게(요)	낫다	나을게(요)	꿰다	꿸게(요)
깨닫다	깨달을게(요)	짓다	지을게(요)	모으다	모을게(요)
듣다	들을게(요)	가만있다	가만있을게(요)	아프다	아플게(요)
살다	살게(요)	재미있다	재미있을게(요)	쓰다	쓸게(요)
달다	달게(요)	찾다	찾을게(요)	크다	클게(요)
달다	달게(요)	낮다	낮을게(요)	고르다	고를게(요)
만들다	만들게(요)	잊다	잊을게(요)	바르다	바를게(요)
길다	길게(요)	늦다	늦을게(요)	부르다	부를게(요)
밝다	밝을게(요)	쫓다	쫓을게(요)	게으르다	게으를게(요)
밝다	밝을게(요)	맡다	맡을게(요)	이르다	이를게(요)
읽다	읽을게(요)	같다	같을게(요)	푸르다	푸를게(요)
붉다	붉을게(요)	붙다	붙을게(요)	띠다	띨게(요)
삶다	삶을게(요)	짙다	짙을게(요)	희다	흴게(요)
굶다	굶을게(요)	갚다	갚을게(요)	기다리다	기다릴게(요)
젊다	젊을게(요)	높다	높을게(요)	느리다	느릴게(요)
밟다	밟을게(요)	짚다	짚을게(요)	이다	일게(요)
넓다	넓을게(요)	깊다	깊을게(요)	아니다	아닐게(요)
핥다	핥을게(요)	놓다	놓을게(요)		
훑다	훑을게(요)	좋다	좋을게(요)	-(으)시-	잡으실게(요)

읊다	읊을게(요)	넣다	넣을게(요)	-았/었-	~~잡았을게(요)~~
앓다	앓을게(요)	빨갛다	~~빨갈게(요)~~	-았/었-	~~읽었을게(요)~~
옳다	~~옳을게(요)~~	벌겋다	~~벌걸게(요)~~	-겠-	~~잡겠을게(요)~~
잃다	잃을게(요)	하얗다	~~하얄게(요)~~		

의미와 용법

(동사에 붙어) 말하는 사람이 미래의 어떤 일을 하겠다는 의지를 나타낸다. 또한 약속을 할 때 사용한다. '-(으)ㄹ게'는 듣는 사람이 말하는 사람보다 아랫사람이거나 친한 사이에서 사용하며, '-(으)ㄹ게요'는 윗사람에게 사용한다.

　　지금 방 청소를 할게요.
　　내일 저녁에는 운동하러 갈게요.

활용 및 발음

※ '-(으)ㄹ게요'의 발음은 '[을께요]'이다.
※ 자음으로 끝나는 어간에는 '-을게요'가 결합하고 모음으로 끝나는 어간에는 '-ㄹ게요'가 결합한다. 예. 막다-막을게요, 가다-갈게요,
※ 'ㄹ'로 끝나는 어간은 'ㄹ'을 탈락시키고 '-ㄹ게요'를 결합한다. 예. 살다-살게요

-(으)ㄹ까(요)

막다	막을까(요)	싫다	싫을까(요)	허옇다	허열까(요)
작다	작을까(요)	담다	담을까(요)	사다	살까(요)
먹다	먹을까(요)	숨다	숨을까(요)	비싸다	비쌀까(요)
적다	적을까(요)	검다	검을까(요)	좋아하다	좋아할까(요)
닦다	닦을까(요)	잡다	잡을까(요)	착하다	착할까(요)
묶다	묶을까(요)	좁다	좁을까(요)	보내다	보낼까(요)
안다	안을까(요)	입다	입을까(요)	서다	설까(요)
신다	신을까(요)	돕다	도울까(요)	메다	멜까(요)
앉다	앉을까(요)	곱다	고울까(요)	세다	셀까(요)
얹다	얹을까(요)	가깝다	가까울까(요)	펴다	펼까(요)
않다	않을까(요)	줍다	주울까(요)	보다	볼까(요)
많다	많을까(요)	없다	없을까(요)	되다	될까(요)
끊다	끊을까(요)	빼앗다	빼앗을까(요)	고되다	고될까(요)
받다	받을까(요)	웃다	웃을까(요)	주다	줄까(요)
곧다	곧을까(요)	낫다	나을까(요)	쉬다	쉴까(요)
얻다	얻을까(요)	낫다	나을까(요)	꿰다	꿸까(요)
깨닫다	깨달을까(요)	짓다	지을까(요)	모으다	모을까(요)
듣다	들을까(요)	가만있다	가만있을까(요)	아프다	아플까(요)
살다	살까(요)	재미있다	재미있을까(요)	쓰다	쓸까(요)
달다	달까(요)	찾다	찾을까(요)	크다	클까(요)
달다	달까(요)	낮다	낮을까(요)	고르다	고를까(요)
만들다	만들까(요)	잊다	잊을까(요)	바르다	바를까(요)
길다	길까(요)	늦다	늦을까(요)	부르다	부를까(요)
밝다	밝을까(요)	쫓다	쫓을까(요)	게으르다	게으를까(요)
밝다	밝을까(요)	맡다	맡을까(요)	이르다	이를까(요)
읽다	읽을까(요)	같다	같을까(요)	푸르다	푸를까(요)
붉다	붉을까(요)	붙다	붙을까(요)	띄다	띌까(요)
삶다	삶을까(요)	짙다	짙을까(요)	희다	흴까(요)
굶다	굶을까(요)	갚다	갚을까(요)	기다리다	기다릴까(요)
젊다	젊을까(요)	높다	높을까(요)	느리다	느릴까(요)
밟다	밟을까(요)	짚다	짚을까(요)	이다	일까(요)
넓다	넓을까(요)	깊다	깊을까(요)	아니다	아닐까(요)
핥다	핥을까(요)	놓다	놓을까(요)		
훑다	훑을까(요)	좋다	좋을까(요)	-(으)시-	잡으실까(요)

읊다	읊을까(요)	넣다	넣을까(요)	-았/었-	잡았을까(요)
앓다	앓을까(요)	빨갛다	빨갈까(요)	-았/었-	읽었을까(요)
옳다	옳을까(요)	벌겋다	벌걸까(요)	-겠-	잡겠을까(요)
잃다	잃을까(요)	하얗다	하얄까(요)		

의미와 용법

1) (동사에 붙어) 듣는 사람에게 앞으로 할 일을 제안하며 듣는 사람의 의견이나 생각을 물어볼 때 사용한다. '-(으)ㄹ까'는 듣는 사람이 말하는 사람보다 아랫사람이거나 친한 사이에서 사용하며, '-(으)ㄹ까요'는 윗사람에게 사용한다.

   수업 끝나고 같이 밥 먹을까요?

   크리스틴 씨 생일 선물로 장갑이 어떨까요?

2) 추측을 제기하면서 다른 사람의 의견이나 생각을 물어볼 때 사용한다. '-(으)ㄹ까'는 듣는 사람이 말하는 사람보다 아랫사람이거나 친한 사이에서 사용하며, '-(으)ㄹ까요'는 윗사람에게 사용한다.

   내일 날씨가 추울까요?

   이 옷은 많이 비쌀까요?

활용 및 발음

※ 자음으로 끝나는 어간에는 '-을까(요)'가 결합하고 모음으로 끝나는 어간에는 '-ㄹ까(요)'가 결합한다. 예. 막다-막을까(요), 가다-갈까(요)

※ '르'로 끝나는 어간은 'ㄹ'을 탈락시키고 '-ㄹ까(요)'를 결합한다. 예. 살다-살까(요)

-(으)ㄹ래(요)

막다	막을래(요)	싫다	싫을래(요)	허옇다	허열래(요)
작다	작을래(요)	담다	담을래(요)	사다	살래(요)
먹다	먹을래(요)	숨다	숨을래(요)	비싸다	바쌀래(요)
적다	적을래(요)	검다	검을래(요)	좋아하다	좋아할래(요)
닦다	닦을래(요)	잡다	잡을래(요)	착하다	착할래(요)
묶다	묶을래(요)	좁다	좁을래(요)	보내다	보낼래(요)
안다	안을래(요)	입다	입을래(요)	서다	설래(요)
신다	신을래(요)	돕다	도울래(요)	메다	멜래(요)
앉다	앉을래(요)	곱다	고울래(요)	세다	셀래(요)
얹다	얹을래(요)	가깝다	카까울래(요)	펴다	펼래(요)
않다	않을래(요)	줍다	주울래(요)	보다	볼래(요)
많다	많을래(요)	없다	없을래(요)	되다	될래(요)
끊다	끊을래(요)	빼앗다	빼앗을래(요)	고되다	고될래(요)
받다	받을래(요)	웃다	웃을래(요)	주다	줄래(요)
곧다	곧을래(요)	낫다	나을래(요)	쉬다	쉴래(요)
얻다	얻을래(요)	낫다	나을래(요)	꿰다	꿸래(요)
깨닫다	깨달을래(요)	짓다	지을래(요)	모으다	모을래(요)
듣다	들을래(요)	가만있다	가만있을래(요)	아프다	아플래(요)
살다	살래(요)	재미있다	재미있을래(요)	쓰다	쓸래(요)
달다	달래(요)	찾다	찾을래(요)	크다	클래(요)
달다	달래(요)	낮다	낮을래(요)	고르다	고를래(요)
만들다	만들래(요)	잊다	잊을래(요)	바르다	바를래(요)
길다	길래(요)	늦다	늦을래(요)	부르다	부를래(요)
밝다	밝을래(요)	쫓다	쫓을래(요)	게으르다	게으를래(요)
밝다	밝을래(요)	맡다	맡을래(요)	이르다	이를래(요)
읽다	읽을래(요)	같다	같을래(요)	푸르다	푸를래(요)
붉다	붉을래(요)	붙다	붙을래(요)	띄다	띌래(요)
삶다	삶을래(요)	짙다	짙을래(요)	희다	흴래(요)
굶다	굶을래(요)	갚다	갚을래(요)	기다리다	기다릴래(요)
젊다	젊을래(요)	높다	높을래(요)	느리다	느릴래(요)
밟다	밟을래(요)	짚다	짚을래(요)	이다	일래(요)
넓다	넓을래(요)	깊다	깊을래(요)	아니다	아닐래(요)
핥다	핥을래(요)	놓다	놓을래(요)		
훑다	훑을래(요)	좋다	좋을래(요)	-(으)시-	잡으실래(요)

읊다	읊을래(요)	넣다	넣을래(요)	-았/었-	잡았을래(요)
앓다	앓을래(요)	빨갛다	빨갈래(요)	-았/었-	읽었을래(요)
옳다	옳을래(요)	벌겋다	벌걸래(요)	-겠-	잡겠을래(요)
잃다	잃을래(요)	하얗다	하얄래(요)		

의미와 용법

1) (동사에 붙어) 말하는 사람이 어떤 일을 할 의지나 계획이 있음을 나타낸다. 말하는 사람이 듣는 사람에게 앞으로 할 일에 대해 자신의 의사를 밝혀 말할 때 사용하며, 주로 비격식적인 구어에서 많이 사용한다. '-(으)ㄹ래'는 듣는 사람이 말하는 사람보다 아랫사람이거나 친한 사이에서 사용하며, '-(으)ㄹ래요'는 윗사람에게 사용한다.

   몸이 안 좋아서 오늘은 집에 있을래요.
   저는 무서운 걸 싫어해서 공포영화는 안 볼래요.

2) (동사에 붙어) 어떤 일이나 선택에 대해 듣는 사람의 의사나 의향을 물음을 나타낸다. 말하는 사람이 듣는 사람의 생각을 알기 위해 질문할 때 사용하며, 주로 비격식적인 구어에서 많이 사용한다. '-(으)ㄹ래'는 듣는 사람이 말하는 사람보다 아랫사람이거나 친한 사이에서 사용하며, '-(으)ㄹ래요'는 윗사람에게 사용한다.

   오늘 저녁 8시에 카페 앞에서 만날래요?
   배고프면 먼저 먹을래?

활용 및 발음

※ 자음으로 끝나는 어간에는 '-을래(요)'가 결합하고 모음으로 끝나는 어간에는 '-ㄹ래(요)'가 결합한다. 예. 막다-막을래(요), 가다-갈래(요)
※ 'ㄹ'로 끝나는 어간은 'ㄹ'을 탈락시키고 '-ㄹ래(요)'를 결합한다. 예. 살다-살래(요)

-(으)세요

막다	막으세요	싫다	싫으세요	허옇다	허여세요
작다	작으세요	담다	담으세요	사다	사세요
먹다	먹으세요	숨다	숨으세요	비싸다	비싸세요
적다	적으세요	검다	검으세요	좋아하다	좋아하세요
닦다	닦으세요	잡다	잡으세요	착하다	착하세요
묶다	묶으세요	좁다	좁으세요	보내다	보내세요
안다	안으세요	입다	입으세요	서다	서세요
신다	신으세요	돕다	도우세요	메다	메세요
앉다	앉으세요	곱다	고우세요	세다	세세요
얹다	얹으세요	가깝다	가까우세요	펴다	펴세요
않다	않으세요	줍다	주우세요	보다	보세요
많다	많으세요	없다	없으세요	되다	되세요
끊다	끊으세요	빼앗다	빼앗으세요	고되다	고되세요
받다	받으세요	웃다	웃으세요	주다	주세요
곧다	곧으세요	낫다	나으세요	쉬다	쉬세요
얻다	얻으세요	낫다	나으세요	꿰다	꿰세요
깨닫다	깨달으세요	짓다	지으세요	모으다	모으세요
듣다	들으세요	가만있다	가만있으세요	아프다	아프세요
살다	사세요	재미있다	재미있으세요	쓰다	쓰세요
달다	다세요	찾다	찾으세요	크다	크세요
달다	다세요	낮다	낮으세요	고르다	고르세요
만들다	만드세요	잊다	잊으세요	바르다	바르세요
길다	기세요	늦다	늦으세요	부르다	부르세요
밝다	밝으세요	쫓다	쫓으세요	게으르다	게으르세요
밝다	밝으세요	맡다	맡으세요	이르다	이르세요
읽다	읽으세요	같다	같으세요	푸르다	푸르세요
붉다	붉으세요	붙다	붙으세요	띠다	띠세요
삶다	삶으세요	짙다	짙으세요	희다	희세요
굶다	굶으세요	갚다	갚으세요	기다리다	기다리세요
젊다	젊으세요	높다	높으세요	느리다	느리세요
밟다	밟으세요	짚다	짚으세요	이다	이세요
넓다	넓으세요	깊다	깊으세요	아니다	아니세요
핥다	핥으세요	놓다	놓으세요		
훑다	훑으세요	좋다	좋으세요	-(으)시-	잡으시세요
읊다	읊으세요	넣다	넣으세요	-았/었-	잡았으세요

앓다	앓으세요	빨갛다	빨가세요	-았/었-	읽었으세요
옳다	옳으세요	벌겋다	벌거세요	-겠-	잡겠으세요
잃다	잃으세요	하얗다	하야세요		

의미와 용법

1) 현재의 동작이나 상태에 대해 말함을 나타낸다. 문장의 주어를 높이며, 현재의 사실을 말할 때 사용한다.

   아버지는 아침에 신문을 읽으세요.

   선생님은 매운 음식을 좋아하세요.

2) 현재의 동작이나 상태에 대해 질문함을 나타낸다. 문장의 주어를 높이면서 말하는 사람이 듣는 사람에게 현재의 상태나 동작에 대해 물어볼 때 사용한다.

   수지 씨, 수업 끝나고 어디 가세요?

   환자분, 어디가 아프세요?

3) (동사에 붙어) 어떠한 행동을 할 것을 명령하거나 요청함을 나타낸다. 주로 높임의 대상인 사람에게 무언가를 시킬 때 사용한다.

   과제는 다음 주까지 제출하세요.

   수업시간에는 한국어로 말하세요.

※ '-(으)세요'는 높임법의 '-(으)시-'와 종결어미 '-어(요)'의 결합으로 이루어졌다.

활용 및 발음

※ 명령이나 요청의 의미로 사용하는 '-(으)세요'는 형용사 어간과 결합하지 않는다.

※ 자음으로 끝나는 어간에는 '-으세요'가 결합하고 모음으로 끝나는 어간에는 '-세요'가 결합한다. 예. 막다-막으세요, 가다-가세요,

※ '르'로 끝나는 어간은 '르'을 탈락시키고 '-세요'를 결합한다. 예. 살다-사세요

3

모음어미

모음어미는 어미가 'ㅏ'나 'ㅓ'로 시작하는 어미를 가리킨다. '아'나 '어'
는 모음조화라는 현상에 의해 동사나 형용사의 어간이 어떤 모음으로 되
어 있는지에 따라 선택된다. '막다'의 '막-' '좁다'의 '좁-'과 같이 'ㅏ'나
'ㅗ'로 된 어간은 'ㅏ'를 선택하고 그 밖의 경우에는 'ㅓ'를 선택한다. '막
다'는 '막아요', '좁다'는 '좁아요'로 나타나고 '먹다'는 '먹어요', '웃다'는
'웃어요'로 나타난다. 모음어미는 다음과 같다.

-아/어(요), -아/어라

−아/어(요)

막다	막아(요)	싫다	싫어(요)	허옇다	허예(요)
작다	작아(요)	담다	담아(요)	사다	사(요)
먹다	먹어(요)	숨다	숨어(요)	비싸다	비싸(요)
적다	적어(요)	검다	검어(요)	좋아하다	좋아해(요)
닦다	닦아(요)	잡다	잡아(요)	착하다	착해(요)
묶다	묶어(요)	좁다	좁아(요)	보내다	보내(요)
안다	안아(요)	입다	입어(요)	서다	서(요)
신다	신어(요)	돕다	도와(요)	메다	메어(요)/메(요)
앉다	앉아(요)	곱다	고와(요)	세다	세어(요)/세(요)
얹다	얹어(요)	가깝다	가까워(요)	펴다	펴(요)
않다	않아(요)	줍다	주워(요)	보다	보아(요)/봐(요)
많다	많아(요)	없다	없어(요)	되다	되어(요)/돼(요)
끊다	끊어(요)	빼앗다	빼앗아(요)	고되다	고되어)요)/고돼(요)
받다	받아(요)	웃다	웃어(요)	주다	주어(요)/줘(요)
곧다	곧아(요)	낫다	나아(요)	쉬다	쉬어(요)
얻다	얻어(요)	낫다	나아(요)	꿰다	꿰어(요)/꿰(요)
깨닫다	깨달아(요)	짓다	지어(요)	모으다	모아(요)
듣다	들어(요)	가만있다	가만있어(요)	아프다	아파(요)
살다	살아(요)	재미있다	재미있어(요)	쓰다	써(요)
달다	달아(요)	찾다	찾아(요)	크다	커(요)
달다	달아(요)	낮다	낮아(요)	고르다	골라(요)
만들다	만들어(요)	잊다	잊어(요)	바르다	발라(요)
길다	길어(요)	늦다	늦어(요)	부르다	불러(요)
밝다	밝아(요)	쫓다	쫓아(요)	게으르다	게을러(요)
밝다	밝아(요)	맡다	맡아(요)	이르다	이르러(요)
읽다	읽어(요)	같다	같아(요)	푸르다	푸르러(요)
붉다	붉어(요)	붙다	붙어(요)	띄다	띄어(요)
삶다	삶아(요)	짙다	짙어(요)	희다	희어(요)
굶다	굶어(요)	갚다	갚아(요)	기다리다	기다리어(요)/기다려(요)
젊다	젊어(요)	높다	높아(요)	느리다	느리어(요)/느려(요)
밟다	밟아(요)	짚다	짚어(요)	이다	이어(요)/여(요)/이에(요)
넓다	넓어(요)	깊다	깊어(요)	아니다	아니어(요)/아니에(요)
핥다	핥아(요)	놓다	놓아(요)		
훑다	훑어(요)	좋다	좋아(요)	-(으)시-	잡으시어(요)/

					잡으서(요)/잡으세요
읊다	읊어(요)	넣다	넣어(요)	-았/었-	잡았어(요)
앓다	앓아(요)	빨갛다	빨개(요)	-았/었-	먹었어(요)
옳다	옳아(요)	벌겋다	벌게(요)	-겠-	잡겠어(요)
잃다	잃어(요)	하얗다	하얘(요)		

의미와 용법

1) 말하는 사람의 생각이나 사실을 말할 때 사용한다. 현재의 동작이나 상태에 대해 설명함을 나타낸다. '-아/어'는 듣는 사람이 말하는 사람보다 아랫사람이거나 친한 사이에서 사용하며, '-아/어요'는 윗사람에게 사용한다.

  학교 식당에서 비빔밥이 제일 맛있어(요).

  미나 씨는 음악 듣는 걸 좋아해(요).

2) 말하는 사람이 듣는 사람에게 현재의 상태나 동작에 대해 물어볼 때 사용한다. '-아/어'는 듣는 사람이 말하는 사람보다 아랫사람이거나 친한 사이에서 사용하며, '-아/어요'는 윗사람에게 사용한다.

  영수 씨, 잃어버렸던 지갑은 찾았어요?

  무슨 음악을 좋아해요?

3) (동사에 붙어) 어떠한 행동을 할 것을 명령함을 나타낸다. 주로 듣는 사람에게 무언가를 시킬 때 사용한다. '-아/어'는 듣는 사람이 말하는 사람보다 아랫사람이거나 친한 사이에서 사용하며, '-아/어요'는 윗사람에게 사용한다.

  늦었어요. 빨리 일어나요.

  서울역에서 1호선으로 갈아타요.

활용 및 발음

※ 어간의 마지막 음절의 모음이 '아'나 '오'인 어간에는 '-아(요)'가 결합하며 어간의 마지막 음절의 모음이 '아'나 '오'가 아닌 그 밖의 모음인 어간에는 '-어(요)'가 결합한다. 예. 막다-막아요, 좁다-좁아요, 먹다-먹어요, 깊다-깊어요.

※ ㅂ불규칙 용언의 경우에는 '돕다', '곱다'는 '-아(요)'가 결합하지만 그 외의 경우는 '-어(요)'가 결합한다. 예. 돕다-도와요, 곱다-고와요, 가깝다-가까워요

※ 'ㅏ'나 'ㅓ'로 끝나는 용언과 '-아/어(요)'가 결합하면 'ㅏ'와 'ㅓ'는 탈락한다. 예. 가다-가요, 서다-서요

※ 'ㅡ'로 끝나는 용언은 '-아/어(요)'와 결합할 때 'ㅡ'가 탈락한다. 이때 'ㅡ' 앞에 오는 음절의 모음이 'ㅏ'나 'ㅗ'이면 '-아(요)'가 결합하고 그 밖의 모음이면 '-어(요)'가 결합한다. 예. 아프다-아파요, 모으다-모아요, 슬프다-슬퍼요

※ '크다'는 '-어(요)'와 결합한다. '크다-커요'

※ 'ㄹ'로 끝나는 용언 가운데 불규칙 용언은 '-아/어(요)'와 결합할 때 'ㄹ'이 첨가된다. 예. 고르다-골라요, 바르다-발라요, 부르다-불러요, 게으르다-게을러요

※ 'ㄹ'로 끝나는 용언 가운데 '이르다'와 같은 용언은 '-아/어(요)'가 결합할 때 어미에 'ㄹ'이 첨가된다. 예. 이르다-이르러요, 푸르다-푸르러요

※ 'ㅣ'로 끝나는 용언은 '-어(요)'와 결합하면 반모음이 되어 '-여(요)'로 발음된다. 예. 기다리다-기다려(요), 느리다-느려(요)

※ 'ㅗ'나 'ㅜ'로 끝나는 용언은 '-어(요)와 결합하면 반모음이 되어'-워(요)'로 발음된다. 예. 보다-봐요, 주다-줘요

※ '하다'가 결합한 용언은 '-어(요)'와 결합하면 '해(요)'로 발음된다. 좋아하다-좋아해요.

※ '이다'와 '아니다'는 '-아/어'와 결합하면 '이야, 아니야'가 되고 '-어요'와 결합하면 '이어요, 아니어요'가 되거나 '이에요, 아니에요'가 된다.

-아/어라

막다	막아라	싫다	~~싫어라~~	허옇다	~~허예라~~
작다	~~작어라~~	담다	담아라	사다	사라
먹다	먹어라	숨다	숨어라	비싸다	~~비싸라~~
적다	~~적어라~~	검다	~~검어라~~	좋아하다	~~좋아해라~~
닦다	닦아라	잡다	잡아라	착하다	~~착해라~~
묶다	묶어라	좁다	~~좁아라~~	보내다	보내라
안다	안아라	입다	입어라	서다	서라
신다	신어라	돕다	도와라	메다	메라
앉다	앉아라	곱다	~~곱와라~~	세다	~~세라~~
엎다	엎어라	가깝다	~~가까워라~~	펴다	펴라
않다	~~않아라~~	줍다	주워라	보다	보아라/봐라
많다	~~많아라~~	없다	~~없어라~~	되다	되어라/돼라
끊다	끊어라	빼앗다	~~빼앗아라~~	고되다	~~고되어라~~
받다	받아라	웃다	웃어라	주다	주어라/줘라
곧다	~~곧어라~~	낫다	나아라	쉬다	쉬어라
얻다	얻어라	낮다	~~나아라~~	꿰다	꿰어라/꿰라
깨닫다	깨달아라	짓다	지어라	모으다	모아라
듣다	들어라	가만있다	가만있어라	아프다	~~아파라~~
살다	살아라	재미있다	~~재미있어라~~	쓰다	써라
달다	달아라	찾다	찾아라	크다	~~커라~~
달다	~~달어라~~	낮다	~~낮아라~~	고르다	골라라
만들다	만들어라	잊다	잊어라	바르다	~~발라라~~
길다	~~길어라~~	늦다	~~늦어라~~	부르다	불러라
밝다	~~밝어라~~	쫓다	쫓아라	게으르다	~~게올라라~~
밝다	~~밝어라~~	맡다	맡아라	이르다	이르러라
읽다	읽어라	같다	~~같어라~~	푸르다	~~푸르라라~~
붉다	~~붉어라~~	붙다	붙어라	띄다	띄어라
삶다	삶아라	짙다	~~짙어라~~	희다	~~희어라~~
굶다	굶어라	갚다	갚아라	기다리다	기다리어라/기다려라
젊다	~~젊어라~~	높다	~~높아라~~	느리다	~~느리어라~~
밟다	밟아라	짚다	짚어라	이다	~~이어라~~
넓다	~~넓어라~~	깊다	~~깊어라~~	아니다	~~아니어라~~
핥다	핥아라	놓다	놓아라		
훑다	훑어라	좋다	~~좋아라~~	-(으)시-	~~잡으시어라~~

읊다	읊어라	넣다	넣어라	-았/었-	잡았어라
앓다	앓아라	빨갛다	빨개라	-았/었-	먹었어라
옳다	옳아라	벌겋다	벌게라	-겠-	잡겠어라
잃다	잃어라	하얗다	하애라		

의미와 용법

(동사에 붙어) 말하는 사람이 듣는 사람에게 어떤 행동을 할 것을 명령할 때에 사용한다. 듣는 사람이 말하는 사람보다 아랫사람이거나 친한 친구 사이에 사용할 수 있다.

앞으로 학교 지각하지 말아라.

식기 전에 빨리 먹어라.

활용 및 발음

※ 어간의 마지막 음절의 모음이 '아'나 '오'인 어간에는 '-아라'가 결합하며 어간의 마지막 음절의 모음이 '아'나 '오'가 아닌 그 밖의 모음인 어간에는 '-어라'가 결합한다. 예. 막다-막아라, 쫓다-쫓아라, 먹다-먹어라, 입다-입어라.

※ ㅂ불규칙 용언의 경우에는 '돕다'의 경우에는 '-아라가 결합하지만 그 외의 경우에는 '-어라'가 결합한다. 예. 돕다-도와라, 줍다-주워라

※ 'ㅏ'나 'ㅓ'로 끝나는 용언과 '-아/어라'가 결합하면 'ㅏ'와 'ㅓ'는 탈락한다. 예. 가다-가라, 서다-서라

※ 'ㅡ'로 끝나는 용언은 '-아/어라'와 결합할 때 'ㅡ'가 탈락한다. 이때 'ㅡ' 앞에 오는 음절의 모음이 'ㅏ'나 'ㅗ'이면 '-아라'가 결합하고 그 밖의 모음이면 '-어라'가 결합한다. 예. 모으다-모아라, 치르다-치러라

※ 동사 용법의 '크다'는 '-어라'와 결합하면 'ㅡ'가 탈락한다. '쓰다-써라'

※ '르'로 끝나는 용언 가운데 불규칙 용언은 '-아/어라'와 결합할 때 '르'이 첨가된다. 예. 고르다-골라라, 바르다-발라라, 부르다-불러라

※ '르'로 끝나는 용언 가운데 어떤 용언은 '-아/어라'가 결합할 때 어미에 '르'이 첨가된다. 예. 이르다-이르러라

※ 'ㅣ'로 끝나는 용언은 '-어라'와 결합하면 반모음이 되어 '-여라'로 발음된다. 예. 기다리다-기다려라

※ 'ㅗ, ㅜ'로 끝나는 용언은 '-어라와 결합하면 반모음이 되어 '-와/워라'

로 발음된다. 예. 보다-봐라, 주다-줘라
※ '하다'가 결합한 용언은 '-어라'와 결합하면 '-어라'가 '-여라'로 발음
되기도 하나 주로 '해라'로 발음된다. 좋아하다-좋아하여라-좋아해라.

연결어미는 앞뒤의 문장을 연결해서 더 큰 문장을 만드는 역할을 한다. 한국어는 두 문장을 연결하는 데 연결어미를 사용하는 것이 일반적이다. 연결어미는 앞뒤의 문장을 연결해서 더 큰 문장을 만들 뿐만 아니라 두 문장 사이의 관계를 표현해 주기도 한다. 예를 들어 '-어서, 니까' 등은 원인이나 이유를 나타내고 '-도록'은 목적을 나타낸다. 연결어미는 다음과 같다.

자음어미 : -거나, -거니와, -거든, -게, -고, -고도, -고서, -고자, -기에, -느라, -느라고, -다가, -다시피, -더니, -더라도, -던데, -도록, -든지, -듯이, -자마자, -지만, -ㄴ/는다고/-다고, -ㄴ/는다면/-다면, -는데/-(으)ㄴ데

매개모음 어미: (으)니, (으)니까, (으)ㄹ래야, -(으)러, -(으)려고, -(으)면, -(으)면서, -(으)므로, -(으)나

모음어미: -아/어, -아/어도, -아/어서, -아/어야, -아/어야지, -았/었더니

02

연
결
어
미

1

자음어미

자음어미는 자음으로 시작하는 어미를 가리킨다. '-거나'와 같은 어미는 'ㄱ'이라는 자음으로 시작한다. 자음어미 중에서 'ㄱ, ㄷ, ㅈ' 등으로 시작하는 어미는 동사나 형용사의 어간이 'ㄱ, ㄷ, ㅂ' 등의 자음으로 끝나면 'ㄲ, ㄸ, ㅉ' 등의 된소리로 발음하게 된다. 'ㄴ'으로 시작하는 자음어미 앞에 'ㄱ, ㄷ, ㅂ' 등으로 끝나는 동사나 형용사의 어간이 오면 'ㅇ, ㄴ, ㅁ'과 같은 비음으로 바뀐다. 자음어미는 아래와 같다.

-거나, -거니와, -거든, -게, -고, -고도, -고서, -고자, -기에, -느라, -느라고, -다가, -다시피, -더니, -더라도, -던데, -도록, -든지, -듯이, -자마자, -지만, -ㄴ/는다고/-다고, -ㄴ/는다면/-다면, -는데/-(으)ㄴ데

-거나

막다	막거나	싫다	싫거나	허옇다	허옇거나
작다	작거나	담다	담거나	사다	사거나
먹다	먹거나	숨다	숨거나	비싸다	비싸거나
적다	적거나	검다	검거나	좋아하다	좋아하거나
닦다	닦거나	잡다	잡거나	착하다	착하거나
묶다	묶거나	좁다	좁거나	보내다	보내거나
안다	안거나	입다	입거나	서다	서거나
신다	신거나	돕다	돕거나	메다	메거나
앉다	앉거나	곱다	곱거나	세다	세거나
얹다	얹거나	가깝다	가깝거나	펴다	펴거나
않다	않거나	줍다	줍거나	보다	보거나
많다	많거나	없다	없거나	되다	되거나
끊다	끊거나	빼앗다	빼앗거나	고되다	고되거나
받다	받거나	웃다	웃거나	주다	주거나
곧다	곧거나	낫다	낫거나	쉬다	쉬거나
얻다	얻거나	낫다	낫거나	꿰다	꿰거나
깨닫다	깨닫거나	짓다	짓거나	모으다	모으거나
듣다	듣거나	가만있다	가만있거나	아프다	아프거나
살다	살거나	재미있다	재미있거나	쓰다	쓰거나
달다	달거나	찾다	찾거나	크다	크거나
달다	달거나	낮다	낮거나	고르다	고르거나
만들다	만들거나	잊다	잊거나	바르다	바르거나
길다	길거나	늦다	늦거나	부르다	부르거나
밝다	밝거나	쫓다	쫓거나	게으르다	게으르거나
밝다	밝거나	맡다	맡거나	이르다	이르거나
읽다	읽거나	같다	같거나	푸르다	푸르거나
붉다	붉거나	붙다	붙거나	띄다	띄거나
삶다	삶거나	짙다	짙거나	희다	희거나
굶다	굶거나	갚다	갚거나	기다리다	기다리거나
젊다	젊거나	높다	높거나	느리다	느리거나
밟다	밟거나	짚다	짚거나	이다	이거나
넓다	넓거나	깊다	깊거나	아니다	아니거나
핥다	핥거나	놓다	놓거나		
훑다	훑거나	좋다	좋거나	-(으)시-	잡으시거나

읊다	읊거나	넣다	넣거나	-았/었-	잡았거나
앓다	앓거나	빨갛다	빨갛거나	-았/었-	먹었거나
옳다	옳거나	벌겋다	벌겋거나	-겠-	잡겠거나
잃다	잃거나	하얗다	하얗거나		

의미와 용법

1) 둘 이상의 행위나 사실 중 하나를 선택함을 나타낸다. 두 가지 이상의 행동이나 상태를 나란히 나열하고 그 가운데 하나를 선택할 때 사용한다.

    저는 가끔 신문을 읽거나 드라마를 봐요.

    다음 주 월요일에는 구름이 많거나 비가 오겠습니다.

2) 주로 '-거나 -거나'로 쓰여, 둘 모두를 선택해도 괜찮거나 상관없음을 나타낼 때 사용한다. 이때 '-거나'로 연결되는 앞과 뒤의 내용은 서로 반대되거나 매우 다른 뜻을 나타낸다.

    축구를 하거나 야구를 하거나 다 좋아요.

    날씨가 춥거나 덥거나 저는 이곳에서 살고 싶어요.

활용 및 발음

※ '-거나'의 두음 'ㄱ'은 'ㄱ, ㄴ, ㄲ, ㄷ, ㅁ, ㅂ, ㅅ, ㅆ, ㅈ, ㅊ, ㅌ, ㅍ'으로 끝나는 어간과 결합하면 된소리인 'ㄲ'이 된다. 예: 막거나[막꺼나], 닦거나[닥꺼나], 안거나[안:꺼나], 받거나[받꺼나], 담거나[담:꺼나], 잡거나[잡꺼나], 빼앗거나[빼알꺼나], 가만있거나[가마닏꺼나], 찾거나[찯꺼나], 쫓거나[쫃꺼나], 맡거나[맏꺼나], 갚거나[갑꺼나]

※ '-거나'의 두음 'ㄱ'은 'ㅎ' 또는 'ㄶ, ㅀ'으로 끝나는 어간과 결합하면 'ㅋ'과 축약이 된다. 예: 놓거나[노커나], 않거나[안커나], 앓거나[알커나]

※ '밝거나, 삶거나, 넓거나, 핥거나, 훑거나, 읊거나'는 '[발꺼나], [삼:꺼나], [널꺼나], [할꺼나], [훌꺼나], [읍꺼나]'로 발음한다. '밟거나'는 '[밥:꺼나]'로 발음한다.

※ '없거나'는 '[업:꺼나]'로 발음한다.

※ '앉거나'는 '[안꺼나]'로 발음한다.

-거니와

막다	막거니와	싫다	싫거니와	허옇다	허옇거니와
작다	작거니와	담다	담거니와	사다	사거니와
먹다	먹거니와	숨다	숨거니와	비싸다	비싸거니와
적다	적거니와	검다	검거니와	좋아하다	좋아하거니와
닦다	닦거니와	잡다	잡거니와	착하다	착하거니와
묶다	묶거니와	좁다	좁거니와	보내다	보내거니와
안다	안거니와	입다	입거니와	서다	서거니와
신다	신거니와	돕다	돕거니와	메다	메거니와
앉다	앉거니와	곱다	곱거니와	세다	세거니와
얹다	얹거니와	가깝다	가깝거니와	펴다	펴거니와
않다	않거니와	줍다	줍거니와	보다	보거니와
많다	많거니와	없다	없거니와	되다	되거니와
끊다	끊거니와	빼앗다	빼앗거니와	고되다	고되거니와
받다	받거니와	웃다	웃거니와	주다	주거니와
곧다	곧거니와	낫다	낫거니와	쉬다	쉬거니와
얻다	얻거니와	낳다	낳거니와	꿰다	꿰거니와
깨닫다	깨닫거니와	짓다	짓거니와	모으다	모으거니와
듣다	듣거니와	가만있다	가만있거니와	아프다	아프거니와
살다	살거니와	재미있다	재미있거니와	쓰다	쓰거니와
달다	달거니와	찾다	찾거니와	크다	크거니와
달다	달거니와	낮다	낮거니와	고르다	고르거니와
만들다	만들거니와	잊다	잊거니와	바르다	바르거니와
길다	길거니와	늦다	늦거니와	부르다	부르거니와
밝다	밝거니와	쫓다	쫓거니와	게으르다	게으르거니와
밝다	밝거니와	맡다	맡거니와	이르다	이르거니와
읽다	읽거니와	같다	같거니와	푸르다	푸르거니와
붉다	붉거니와	붙다	붙거니와	띄다	띄거니와
삶다	삶거니와	짙다	짙거니와	희다	희거니와
굶다	굶거니와	갚다	갚거니와	기다리다	기다리거니와
젊다	젊거니와	높다	높거니와	느리다	느리거니와
밟다	밟거니와	짚다	짚거니와	이다	이거니와
넓다	넓거니와	깊다	깊거니와	아니다	아니거니와
핥다	핥거니와	놓다	놓거니와		
훑다	훑거니와	좋다	좋거니와	-(으)시-	잡으시거니와

읊다	읊거니와	넣다	넣거니와	-았/었-	잡았거니와
앓다	앓거니와	빨갛다	빨갛거니와	-았/었-	먹었거니와
옳다	옳거니와	벌겋다	벌겋거니와	-겠-	잡겠거니와
잃다	잃거니와	하얗다	하얗거니와		

의미와 용법

'~은 물론이고 더 나아가'와 같이 앞의 사실에 더해 뒤의 사실이 어떠함을 나타낸다. 앞의 내용을 인정하면서 뒤의 내용을 추가할 때 사용한다.

경수는 공부도 잘하거니와 축구도 잘 한다.

제주도는 바다를 볼 수 있거니와 맛있는 음식도 많아서 여행객에게 인기가 많다.

활용 및 발음

※ '-거니와'의 두음 'ㄱ'은 'ㄱ, ㄴ, ㄲ, ㄷ, ㅁ, ㅂ, ㅅ, ㅆ, ㅈ, ㅊ, ㅌ, ㅍ' 으로 끝나는 어간과 결합하면 된소리인 'ㄲ'이 된다. 예: 막거니와[막꺼니와], 닦거니와[닥꺼니와], 안거니와[안:꺼니와], 받거니와[받꺼니와], 담거니와[담:꺼니와], 잡거니와[잡꺼니와], 빼앗거니와[빼앋꺼니와], 가만있거니와[가마닏꺼니와], 찾거니와[찯꺼니와], 쫓거니와[쫃꺼니와], 맡거니와[맏꺼니와], 갚거니와[갑꺼니와]

※ '-거니와'의 두음 'ㄱ'은 'ㅎ' 또는 'ㄶ, ㅀ'으로 끝나는 어간과 결합하면 'ㅋ'과 축약이 된다. 예: 놓거니와[노커니와], 않거니와[안커니와], 앓거니와[알커니와]

※ '밟거니와, 삶거니와, 넓거니와, 핥거니와, 훑거니와, 읊거니와'는 '[발꺼니와], [삼:꺼니와], [널꺼니와], [할꺼니와], [훌꺼니와], [읍꺼니와]' 로 발음한다. '밟거니와'는 '[밥:꺼니와]'로 발음한다.

※ '없거니와'은 '[업:꺼니와]'로 발음한다.

※ '앉거니와'는 '[안꺼니와]'로 발음한다.

-거든

막다	막거든	싫다	싫거든	허옇다	허옇거든
작다	작거든	담다	담거든	사다	사거든
먹다	먹거든	숨다	숨거든	비싸다	비싸거든
적다	적거든	검다	검거든	좋아하다	좋아하거든
닦다	닦거든	잡다	잡거든	착하다	착하거든
묶다	묶거든	좁다	좁거든	보내다	보내거든
안다	안거든	입다	입거든	서다	서거든
신다	신거든	돕다	돕거든	메다	메거든
앉다	앉거든	곱다	곱거든	세다	세거든
얹다	얹거든	가깝다	가깝거든	펴다	펴거든
않다	않거든	줍다	줍거든	보다	보거든
많다	많거든	없다	없거든	되다	되거든
끊다	끊거든	빼앗다	빼앗거든	고되다	고되거든
받다	받거든	웃다	웃거든	주다	주거든
곧다	곧거든	낫다	낫거든	쉬다	쉬거든
얻다	얻거든	낫다	낫거든	꿰다	꿰거든
깨닫다	깨닫거든	짓다	짓거든	모으다	모으거든
듣다	듣거든	가만있다	가만있거든	아프다	아프거든
살다	살거든	재미있다	재미있거든	쓰다	쓰거든
달다	달거든	찾다	찾거든	크다	크거든
달다	달거든	낮다	낮거든	고르다	고르거든
만들다	만들거든	잇다	잇거든	바르다	바르거든
길다	길거든	늦다	늦거든	부르다	부르거든
밝다	밝거든	쫓다	쫓거든	게으르다	게으르거든
밝다	밝거든	맡다	맡거든	이르다	이르거든
읽다	읽거든	같다	같거든	푸르다	푸르거든
붉다	붉거든	붙다	붙거든	띄다	띄거든
삶다	삶거든	짙다	짙거든	희다	희거든
굶다	굶거든	갚다	갚거든	기다리다	기다리거든
젊다	젊거든	높다	높거든	느리다	느리거든
밟다	밟거든	짚다	짚거든	이다	이거든
넓다	넓거든	깊다	깊거든	아니다	아니거든
핥다	핥거든	놓다	놓거든		
훑다	훑거든	좋다	좋거든	-(으)시-	잡으시거든

읊다	읊거든	넣다	넣거든	-았/었-	잡았거든
앓다	앓거든	빨갛다	빨갛거든	-았/었-	먹었거든
옳다	옳거든	벌겋다	벌겋거든	-겠-	잡겠거든
잃다	잃거든	하얗다	하얗거든		

의미와 용법

뒤 절의 행위를 하게 하는 조건이나 가정을 앞 절에 제시할 때 사용한다.

저녁에 비가 오거든 내일 오십시오.
대중교통에서 노인이나 임산부를 보거든 자리를 양보하세요.

활용 및 발음

※ '-거든'의 두음 'ㄱ'은 'ㄱ, ㄴ, ㄲ, ㄷ, ㅁ, ㅂ, ㅅ, ㅆ, ㅈ, ㅊ, ㅌ, ㅍ'으로 끝나는 어간과 결합하면 된소리인 'ㄲ'이 된다. 예: 막거든[막꺼든], 닦거든[닥꺼든], 안거든[안ː꺼든], 받거든[받꺼든], 담거든[담ː꺼든], 잡거든[잡꺼든], 빼앗거든[빼앋꺼든], 가만있거든[가마닏꺼든], 찾거든[찯꺼든], 쫓거든[쫃꺼든], 맡거든[맏꺼든], 갚거든[갑꺼든]

※ '-거든'의 두음 'ㄱ'은 'ㅎ' 또는 'ㄶ, ㅀ'으로 끝나는 어간과 결합하면 'ㅎ'과 축약이 된다. 예: 놓거든[노커든], 않거든[안커든], 앓거든[알커든]

※ '밝거든, 삶거든, 넓거든, 핥거든, 훑거든, 읊거든'은 '[발꺼든], [삼ː꺼든], [널꺼든], [할꺼든], [훌꺼든], [읍꺼든]'으로 발음한다. '밟거든'은 '[밥ː꺼든]'으로 발음한다.

※ '없거든'은 '[업ː꺼든]'으로 발음한다.

※ '앉거든'은 '[안꺼든]'으로 발음한다.

-게

막다	막게	싫다	싫게	허옇다	허옇게
작다	작게	담다	담게	사다	사게
먹다	먹게	숨다	숨게	비싸다	비싸게
적다	적게	검다	검게	좋아하다	좋아하게
닦다	닦게	잡다	잡게	착하다	착하게
묶다	묶게	좁다	좁게	보내다	보내게
안다	안게	입다	입게	서다	서게
신다	신게	돕다	돕게	메다	메게
앉다	앉게	곱다	곱게	세다	세게
얹다	얹게	가깝다	가깝게	펴다	펴게
않다	않게	줍다	줍게	보다	보게
많다	많게	없다	없게	되다	되게
끊다	끊게	빼앗다	빼앗게	고되다	고되게
받다	받게	웃다	웃게	주다	주게
곧다	곧게	낫다	낫게	쉬다	쉬게
얻다	얻게	낫다	낫게	꿰다	꿰게
깨닫다	깨닫게	짓다	짓게	모으다	모으게
듣다	듣게	가만있다	가만있게	아프다	아프게
살다	살게	재미있다	재미있게	쓰다	쓰게
달다	달게	찾다	찾게	크다	크게
달다	달게	낮다	낮게	고르다	고르게
만들다	만들게	잊다	잊게	바르다	바르게
길다	길게	늦다	늦게	부르다	부르게
밝다	밝게	쫓다	쫓게	게으르다	게으르게
밝다	밝게	맡다	맡게	이르다	이르게
읽다	읽게	같다	같게	푸르다	푸르게
붉다	붉게	붙다	붙게	띠다	띠게
삶다	삶게	짙다	짙게	희다	희게
굶다	굶게	갚다	갚게	기다리다	기다리게
젊다	젊게	높다	높게	느리다	느리게
밟다	밟게	짚다	짚게	이다	이게
넓다	넓게	깊다	깊게	아니다	아니게
핥다	핥게	놓다	놓게		
훑다	훑게	좋다	좋게	-(으)시-	잡으시게

읊다	읊게	넣다	넣게	-았/었-	잡았게
앓다	앓게	빨갛다	빨갛게	-았/었-	먹었게
옳다	옳게	벌겋다	벌겋게	-겠-	잡겠게
잃다	잃게	하얗다	하얗게		

의미와 용법

1) 뒤에 오는 상태나 행동의 정도, 또는 방식을 나타낸다. '어떻게' 또는 '얼마나'에 대한 답으로 사용한다.

   어머니는 항상 집을 깨끗하게 청소하십니다.

   이 고양이는 정말 예쁘게 생겼어요.

2) 뒤 절의 행위에 대한 목적이나 결과를 나타낸다. 앞 절의 상황을 이루기 위한 조건이나 방법이 뒤 절에 나올 때 사용한다.

   커피가 새지 않게 잘 포장해 주세요.

   이 케이크는 채식주의자도 먹을 수 있게 만들었어요.

활용 및 발음

※ '-게'의 두음 'ㄱ'은 'ㄱ, ㄴ, ㄲ, ㄷ, ㅁ, ㅂ, ㅅ, ㅆ, ㅈ, ㅊ, ㅌ, ㅍ'으로 끝나는 어간과 결합하면 된소리인 'ㄲ'이 된다. 예: 막게[막께], 닦게[닥께], 안게[안ː께], 받게[받께], 담게[담ː께], 잡게[잡께], 빼앗게[빼앋께], 가만있게[가마닏께], 찾게[찯께], 쫓게[쫀께], 맡게[맏께], 갚게[갑께]

※ '-게'의 두음 'ㄱ'은 'ㅎ' 또는 'ㄶ, ㅀ'으로 끝나는 어간과 결합하면 'ㅋ'과 축약이 된다. 예: 놓게[노케], 않게[안케], 앓게[알케]

※ '밝게, 삶게, 넓게, 핥게, 훑게, 읊게'은 '[발께], [삼ː께], [널께], [할께], [훌께], [읍께]'로 발음한다. '밟게'는 '[밥ː께]'로 발음한다.

※ '없게'는 '[업ː께]'로 발음한다.

※ '앉게'는 '[안께]'로 발음한다.

-고

막다	막고	싫다	싫고	허옇다	허옇고
작다	작고	담다	담고	사다	사고
먹다	먹고	숨다	숨고	비싸다	비싸고
적다	적고	검다	검고	좋아하다	좋아하고
닦다	닦고	잡다	잡고	착하다	착하고
묶다	묶고	좁다	좁고	보내다	보내고
안다	안고	입다	입고	서다	서고
신다	신고	돕다	돕고	메다	메고
앉다	앉고	곱다	곱고	세다	세고
얹다	얹고	가깝다	가깝고	펴다	펴고
않다	않고	줍다	줍고	보다	보고
많다	많고	없다	없고	되다	되고
끊다	끊고	빼앗다	빼앗고	고되다	고되고
받다	받고	웃다	웃고	주다	주고
곧다	곧고	낫다	낫고	쉬다	쉬고
얻다	얻고	낫다	낫고	꿰다	꿰고
깨닫다	깨닫고	짓다	짓고	모으다	모으고
듣다	듣고	가만있다	가만있고	아프다	아프고
살다	살고	재미있다	재미있고	쓰다	쓰고
달다	달고	찾다	찾고	크다	크고
달다	달고	낮다	낮고	고르다	고르고
만들다	만들고	잊다	잊고	바르다	바르고
길다	길고	늦다	늦고	부르다	부르고
밝다	밝고	쫓다	쫓고	게으르다	게으르고
밝다	밝고	맡다	맡고	이르다	이르고
읽다	읽고	같다	같고	푸르다	푸르고
붉다	붉고	붙다	붙고	띄다	띄고
삶다	삶고	짙다	짙고	희다	희고
굵다	굵고	갚다	갚고	기다리다	기다리고
젊다	젊고	높다	높고	느리다	느리고
밟다	밟고	짚다	짚고	이다	이고
넓다	넓고	깊다	깊고	아니다	아니고
핥다	핥고	놓다	놓고		
훑다	훑고	좋다	좋고	-(으)시-	잡으시고

읊다	읊고	넣다	넣고	-았/었-	잡았고
앓다	앓고	빨갛다	빨갛고	-았/었-	먹었고
옳다	옳고	벌겋다	벌겋고	-겠-	잡겠고
잃다	잃고	하얗다	하얗고		

의미와 용법

1) 어떤 상태나 행위를 나열함을 나타낸다. 시간의 순서와 관계없이 두 가지 이상의 사실이나 내용을 대등하게 연결할 때 사용한다.

    저는 서울에 살고 동생은 부산에 살아요.

    이 옷은 부드럽고 따뜻합니다.

2) (동사에 붙어) 앞의 내용과 뒤의 내용이 순서대로 일어난 것임을 나타낸다. 시간적으로 먼저 하는 행동과 나중에 하는 행동을 이어 말할 때 사용한다.

    저는 운동하고 샤워를 합니다.

    영화가 끝나고 친구와 같이 저녁을 먹었어요.

활용 및 발음

※ '-고'의 두음 'ㄱ'은 'ㄱ, ㄴ, ㄲ, ㄷ, ㅁ, ㅂ, ㅅ, ㅆ, ㅈ, ㅊ, ㅌ, ㅍ'으로 끝나는 어간과 결합하면 된소리인 'ㄲ'이 된다. 예: 막고[막꼬], 닦고[닥꼬], 안고[안ː꼬], 받고[받꼬], 담고[담ː꼬], 잡고[잡꼬], 빼앗고[빼알꼬], 가만있고[가마닏꼬], 찾고[찯꼬], 쫓고[쫀꼬], 맡고[맏꼬], 갚고[갑꼬]

※ '-고'의 두음 'ㄱ'은 'ㅎ' 또는 'ㄶ, ㅀ'으로 끝나는 어간과 결합하면 'ㅎ'과 축약이 된다. 예: 놓고[노코], 않고[안코], 앓고[알코]

※ '밝고, 삶고, 넓고, 핥고, 훑고, 읊고'은 '[발꼬], [삼ː꼬], [널꼬], [할꼬], [훌꼬], [읍꼬]'로 발음한다. '밟고'는 '[밥ː꼬]'로 발음한다.

※ '없고'는 '[업ː꼬]'로 발음한다.

※ '앉고'는 '[안꼬]'로 발음한다.

-고도

막다	막고도	싫다	싫고도	허옇다	허옇고도
작다	작고도	담다	담고도	사다	사고도
먹다	먹고도	숨다	숨고도	비싸다	비싸고도
적다	적고도	검다	검고도	좋아하다	좋아하고도
닦다	닦고도	잡다	잡고도	착하다	착하고도
묶다	묶고도	좁다	좁고도	보내다	보내고도
안다	안고도	입다	입고도	서다	서고도
신다	신고도	돕다	돕고도	메다	메고도
앉다	앉고도	곱다	곱고도	세다	세고도
얹다	얹고도	가깝다	가깝고도	펴다	펴고도
않다	않고도	줍다	줍고도	보다	보고도
많다	많고도	없다	없고도	되다	되고도
끊다	끊고도	빼앗다	빼앗고도	고되다	고되고도
받다	받고도	웃다	웃고도	주다	주고도
곧다	곧고도	낫다	낫고도	쉬다	쉬고도
얻다	얻고도	낫다	낫고도	꿰다	꿰고도
깨닫다	깨닫고도	짓다	짓고도	모으다	모으고도
듣다	듣고도	가만있다	가만있고도	아프다	아프고도
살다	살고도	재미있다	재미있고도	쓰다	쓰고도
달다	달고도	찾다	찾고도	크다	크고도
달다	달고도	낮다	낮고도	고르다	고르고도
만들다	만들고도	잊다	잊고도	바르다	바르고도
길다	길고도	늦다	늦고도	부르다	부르고도
밝다	밝고도	쫓다	쫓고도	게으르다	게으르고도
밝다	밝고도	맡다	맡고도	이르다	이르고도
읽다	읽고도	같다	같고도	푸르다	푸르고도
붉다	붉고도	붙다	붙고도	띄다	띄고도
삶다	삶고도	짙다	짙고도	희다	희고도
굶다	굶고도	갚다	갚고도	기다리다	기다리고도
젊다	젊고도	높다	높고도	느리다	느리고도
밟다	밟고도	짚다	짚고도	이다	이고도
넓다	넓고도	깊다	깊고도	아니다	아니고도
핥다	핥고도	놓다	놓고도		
훑다	훑고도	좋다	좋고도	-(으)시-	잡으시고도

읊다	읊고도	넣다	넣고도	-았/었-	잡았고도
앓다	앓고도	빨갛다	빨갛고도	-았/었-	먹었고도
옳다	옳고도	벌겋다	벌겋고도	-겠-	잡겠고도
잃다	잃고도	하얗다	하얗고도		

의미와 용법

앞 절의 사실이나 내용과 반대가 되는 말이 오거나, 앞 절의 사실이나 내용과는 다른 특성이 있음을 나타낼 때 사용한다.

아까 그렇게 많이 자고도 또 자고 싶니?
그 시는 슬프고도 아름다운 연인들의 사랑 이야기를 담았다.

활용 및 발음

※ '-고도'의 두음 'ㄱ'은 'ㄱ, ㄴ, ㄲ, ㄷ, ㅁ, ㅂ, ㅅ, ㅆ, ㅈ, ㅊ, ㅌ, ㅍ'으로 끝나는 어간과 결합하면 된소리인 'ㄲ'이 된다. 예: 막고도[막꼬도], 닦고도[닥꼬도], 안고도[안ː꼬도], 받고도[받꼬도], 담고도[담ː꼬도], 잡고도[잡꼬도], 빼앗고도[빼알꼬도], 가만있고도[가마닏꼬도], 찾고도[찯꼬도], 쫓고도[쫀꼬도], 맡고도[맏꼬도], 갚고도[갑꼬도]

※ '-고도'의 두음 'ㄱ'은 'ㅎ' 또는 'ㄶ, ㅀ'으로 끝나는 어간과 결합하면 'ㅎ'과 축약이 된다. 예: 놓고도[노코도], 않고도[안코도], 앓고도[알코도]

※ '밝고도, 삶고도, 넓고도, 핥고도, 훑고도, 읊고도'는 '[발꼬도], [삼ː꼬도], [널꼬도], [할꼬도], [훌꼬도], [읍꼬도]'로 발음한다. '밟고도'는 '[밥ː꼬도]'로 발음한다.

※ '없고도'는 '[업ː꼬도]'로 발음한다.

※ '앉고도'는 '[안꼬도]'로 발음한다.

-고서

막다	막고서	싫다	~~싫고서~~	허옇다	~~허옇고서~~
작다	~~작고서~~	담다	담고서	사다	사고서
먹다	먹고서	숨다	숨고서	비싸다	~~비싸고서~~
적다	~~적고서~~	검다	~~검고서~~	좋아하다	좋아하고서
닦다	닦고서	잡다	잡고서	착하다	~~착하고서~~
묶다	묶고서	좁다	~~좁고서~~	보내다	보내고서
안다	안고서	입다	입고서	서다	서고서
신다	신고서	돕다	돕고서	메다	메고서
앉다	앉고서	곱다	~~곱고서~~	세다	~~세고서~~
얹다	얹고서	가깝다	~~가깝고서~~	펴다	펴고서
않다	~~않고서~~	줍다	줍고서	보다	보고서
많다	~~많고서~~	없다	~~없고서~~	되다	되고서
끊다	끊고서	빼앗다	빼앗고서	고되다	~~고되고서~~
받다	받고서	웃다	웃고서	주다	주고서
곧다	~~곧고서~~	낫다	낫고서	쉬다	쉬고서
얻다	얻고서	낳다	~~낳고서~~	꿰다	꿰고서
깨닫다	깨닫고서	짓다	짓고서	모으다	모으고서
듣다	듣고서	가만있다	가만있고서	아프다	~~아프고서~~
살다	살고서	재미있다	~~재미있고서~~	쓰다	쓰고서
달다	달고서	찾다	찾고서	크다	~~크고서~~
달다	~~달고서~~	낮다	~~낮고서~~	고르다	고르고서
만들다	만들고서	잇다	잇고서	바르다	~~바르고서~~
길다	~~길고서~~	늦다	~~늦고서~~	부르다	부르고서
밝다	~~밝고서~~	쫓다	쫓고서	게으르다	~~게으르고서~~
밝다	~~밝고서~~	맡다	맡고서	이르다	이르고서
읽다	읽고서	같다	~~같고서~~	푸르다	~~푸르고서~~
붉다	~~붉고서~~	붙다	붙고서	띠다	띠고서
삶다	삶고서	짙다	~~짙고서~~	희다	~~희고서~~
굶다	굶고서	갚다	갚고서	기다리다	기다리고서
젊다	~~젊고서~~	높다	~~높고서~~	느리다	느리고서
밟다	밟고서	짚다	짚고서	이다	~~어고서~~
넓다	~~넓고서~~	깊다	~~깊고서~~	아니다	~~아니고서~~
핥다	핥고서	놓다	놓고서		
훑다	훑고서	좋다	~~좋고서~~	-(으)시-	잡으시고서

읊다	읊고서	넣다	넣고서	-았/었-	잡았고서
앓다	앓고서	빨갛다	빨갛고서	-았/었-	먹었고서
옳다	옳고서	벌겋다	벌겋고서	-겠-	잡겠고서
잃다	잃고서	하얗다	하얗고서		

의미와 용법

앞 절의 동작과 뒤 절의 동작이 시간의 순서대로 일어난 것임을 나타낸다. 앞 절의 동작이 뒤 절의 동작보다 먼저 일어났음을 강조할 때 사용한다.

금요일까지 이 논문을 읽고서 보고서를 제출하세요.

그는 아침마다 운동을 하고서 출근을 한다.

활용 및 발음

※ '-고서'의 두음 'ㄱ'은 'ㄱ, ㄴ, ㄲ, ㄷ, ㅁ, ㅂ, ㅅ, ㅆ, ㅈ, ㅊ, ㅌ, ㅍ'으로 끝나는 어간과 결합하면 된소리인 'ㄲ'이 된다. 예: 막고서[막꼬서], 닦고서[닥꼬서], 안고서[안꼬서], 받고서[받꼬서], 담고서[담꼬서], 잡고서[잡꼬서], 빼앗고서[빼앋꼬서], 가만있고서[가마닏꼬서], 찾고서[찯꼬서], 쫓고서[쫃꼬서], 맡고서[맏꼬서], 갚고서[갑꼬서]

※ '-고서'의 두음 'ㄱ'은 'ㅎ' 또는 'ㄶ, ㅀ'으로 끝나는 어간과 결합하면 'ㅎ'과 축약이 된다. 예: 놓고서[노코서], 않고서[안코서], 앓고서[알코서]

※ '밝고서, 삶고서, 넓고서, 핥고서, 훑고서, 읊고서'는 '[발꼬서], [삼ː꼬서], [널꼬서], [할꼬서], [훌꼬서], [읍꼬서]'로 발음한다. '밟고서'는 '[밥ː꼬서]'로 발음한다.

※ '없고서'는 '[업ː꼬서]'로 발음한다.

※ '앉고서'는 '[안꼬서]'로 발음한다.

-고자

막다	막고자	싫다	싫고자	허옇다	허옇고자
작다	작고자	담다	담고자	사다	사고자
먹다	먹고자	숨다	숨고자	비싸다	비싸고자
적다	적고자	검다	검고자	좋아하다	좋아하고자
닦다	닦고자	잡다	잡고자	착하다	착하고자
묶다	묶고자	좁다	좁고자	보내다	보내고자
안다	안고자	입다	입고자	서다	서고자
신다	신고자	돕다	돕고자	메다	메고자
앉다	앉고자	곱다	곱고자	세다	세고자
얹다	얹고자	가깝다	가깝고자	펴다	펴고자
않다	않고자	줍다	줍고자	보다	보고자
많다	많고자	없다	없고자	되다	되고자
끊다	끊고자	빼앗다	빼앗고자	고되다	고되고자
받다	받고자	웃다	웃고자	주다	주고자
곧다	곧고자	낫다	낫고자	쉬다	쉬고자
얻다	얻고자	낮다	낮고자	꿰다	꿰고자
깨닫다	깨닫고자	짓다	짓고자	모으다	모으고자
듣다	듣고자	가만있다	가만있고자	아프다	아프고자
살다	살고자	재미있다	재미있고자	쓰다	쓰고자
달다	달고자	찾다	찾고자	크다	크고자
달다	달고자	낮다	낮고자	고르다	고르고자
만들다	만들고자	잇다	잇고자	바르다	바르고자
길다	길고자	늦다	늦고자	부르다	부르고자
밝다	밝고자	쫓다	쫓고자	게으르다	게으르고자
밝다	밝고자	맡다	맡고자	이르다	이르고자
읽다	읽고자	같다	같고자	푸르다	푸르고자
붉다	붉고자	붙다	붙고자	띄다	띄고자
삶다	삶고자	짙다	짙고자	희다	희고자
굶다	굶고자	갚다	갚고자	기다리다	기다리고자
젊다	젊고자	높다	높고자	느리다	느리고자
밟다	밟고자	짚다	짚고자	이다	이고자
넓다	넓고자	깊다	깊고자	아니다	아니고자
핥다	핥고자	놓다	놓고자		
훑다	훑고자	좋다	좋고자	-(으)시-	잡으시고자

읊다	읊고자	넣다	넣고자	-았/었-	~~잡았고자~~
앓다	앓고자	빨갛다	~~빨갛고자~~	-았/었-	~~먹었고자~~
옳다	옳고자	벌겋다	~~벌겋고자~~	-겠-	잡겠고자
잃다	잃고자	하얗다	~~하얗고자~~		

의미와 용법

말하는 이가 어떤 행위를 하는 목적이나 의도를 나타내기 위해 사용한다. 주로 문어 혹은 준구어에 쓰인다.

　　나는 미국 대학원에 가고자 밤낮없이 열심히 영어 공부를 했다.
　　박수빈 씨는 좋은 선생님이 되고자 결심했습니다.

활용 및 발음

※ '-고자'는 행위를 하는 목적을 나타내기 때문에 형용사 어간과 결합하여 사용하기 어렵다. 또한 동사 가운데에서 주어가 의지를 가지고 행동하는 의미를 표현하지 않는 동사는 '-고자'와 결합하기 어렵다.

※ '-고자'는 선어말어미와 결합하지 않고 동사 어간과 직접 결합하여 사용된다.

※ '-고자'의 두음 'ㄱ'은 'ㄱ, ㄴ, ㄲ, ㄷ, ㅁ, ㅂ, ㅅ, ㅆ, ㅈ, ㅊ, ㅌ, ㅍ'으로 끝나는 어간과 결합하면 된소리가 된다. 예: 막고자[막꼬자], 닦고자[닥꺼], 안고자[안:꼬자], 받고자[받꼬자], 담고자[담:꼬자], 잡고자[잡꼬자], 빼앗고자[빼앋꼬자], 가만있고자[가마닏꼬자], 찾고자[찯꼬자], 쫓고자[쫃꼬자], 맡고자[맏꼬자], 갚고자[갑꼬자]

※ '-고자'의 두음 'ㄱ'은어미의 두음은 'ㅎ' 또는 'ㅀ'으로 끝나는 어간과 결합하면 'ㅎ'과 축약이 된다. 예: 놓고자[노코자], 앓고자[알코자]

※ '읽고자, 삶고자, 밟고자, 핥고자, 훑고자, 읊고자'는 '[익꼬자], [삼:꼬자], [밥:꼬자], [할꼬자], [훌꼬자], [읍꼬자]'로 발음한다. '밟고자'는 '[밥:꼬자]'로 발음한다.

※ '앉고자'는 '[안꼬자]'로 발음한다.

-기에

막다	막기에	싫다	싫기에	허옇다	허옇기에
작다	작기에	담다	담기에	사다	사기에
먹다	먹기에	숨다	숨기에	비싸다	비싸기에
적다	적기에	검다	검기에	좋아하다	좋아하기에
닦다	닦기에	잡다	잡기에	착하다	착하기에
묶다	묶기에	좁다	좁기에	보내다	보내기에
안다	안기에	입다	입기에	서다	서기에
신다	신기에	돕다	돕기에	메다	메기에
앉다	앉기에	곱다	곱기에	세다	세기에
얹다	얹기에	가깝다	가깝기에	펴다	펴기에
않다	않기에	줍다	줍기에	보다	보기에
많다	많기에	없다	없기에	되다	되기에
끊다	끊기에	빼앗다	빼앗기에	고되다	고되기에
받다	받기에	웃다	웃기에	주다	주기에
곧다	곧기에	낫다	낫기에	쉬다	쉬기에
얻다	얻기에	낫다	낫기에	꿰다	꿰기에
깨닫다	깨닫기에	짓다	짓기에	모으다	모으기에
듣다	듣기에	가만있다	가만있기에	아프다	아프기에
살다	살기에	재미있다	재미있기에	쓰다	쓰기에
달다	달기에	찾다	찾기에	크다	크기에
달다	달기에	낮다	낮기에	고르다	고르기에
만들다	만들기에	잊다	잊기에	바르다	바르기에
길다	길기에	늦다	늦기에	부르다	부르기에
밝다	밝기에	쫓다	쫓기에	게으르다	게으르기에
밝다	밝기에	맡다	맡기에	이르다	이르기에
읽다	읽기에	같다	같기에	푸르다	푸르기에
붉다	붉기에	붙다	붙기에	띄다	띄기에
삶다	삶기에	짙다	짙기에	희다	희기에
굶다	굶기에	갚다	갚기에	기다리다	기다리기에
젊다	젊기에	높다	높기에	느리다	느리기에
밟다	밟기에	짚다	짚기에	이다	이기에
넓다	넓기에	깊다	깊기에	아니다	아니기에
핥다	핥기에	놓다	놓기에		
훑다	훑기에	좋다	좋기에	-(으)시-	잡으시기에

읊다	읊기에	넣다	넣기에	-았/었-	잡았기에
앓다	앓기에	빨갛다	빨갛기에	-았/었-	먹었기에
옳다	옳기에	벌겋다	벌겋기에	-겠-	잡겠기에
잃다	잃기에	하얗다	하얗기에		

의미와 용법

앞 절이 뒤 절의 원인이나 이유, 근거를 나타낼 때 사용한다. 주로 문어에 쓰인다. 구어에서는 '-길래'가 사용된다.

카페 밖에서 싸우는 소리가 나기에 모두 밖으로 나갔다.
꽃이 예뻐 보이기에 한 송이 사 왔어요.

활용 및 발음

※ '-기에'의 두음 'ㄱ'은 'ㄱ, ㄴ, ㄲ, ㄷ, ㅁ, ㅂ, ㅅ, ㅆ, ㅈ, ㅊ, ㅌ, ㅍ'으로 끝나는 어간과 결합하면 된소리인 'ㄲ'이 된다. 예: 막기에[막끼에], 닦기에[닥끼에], 안기에[안ː끼에], 받기에[받끼에], 담기에[담ː끼에], 잡기에[잡끼에], 빼앗기에[빼앋끼에], 가만있기에[가마닏끼에], 찾기에[찯끼에], 쫓기에[쫃끼에], 맡기에[맏끼에], 갚기에[갑끼에]

※ '-기에'의 두음 'ㄱ'은 'ㅎ' 또는 'ㄶ, ㅀ'으로 끝나는 어간과 결합하면 'ㅎ'과 축약이 된다. 예: 놓기에[노키에], 않기에[안키에], 앓기에[알키에]

※ '밝기에, 삶기에, 넓기에, 핥기에, 훑기에, 읊기에'는 '[발끼에], [삼ː끼에], [널끼에], [할끼에], [훌끼에], [읍끼에]'로 발음한다. '밟기에'는 '[밥ː끼에]'로 발음한다.

※ '없기에'는 '[업ː끼에]'로 발음한다.

※ '앉기에'는 '[안끼에]'로 발음한다.

-느라

막다	막느라	싫다	싫느라	허옇다	허옇느라
작다	작느라	담다	담느라	사다	사느라
먹다	먹느라	숨다	숨느라	비싸다	비싸느라
적다	적느라	검다	검느라	좋아하다	좋아하느라
닦다	닦느라	잡다	잡느라	착하다	착하느라
묶다	묶느라	좁다	좁느라	보내다	보내느라
안다	안느라	입다	입느라	서다	서느라
신다	신느라	돕다	돕느라	메다	메느라
앉다	앉느라	곱다	곱느라	세다	세느라
얹다	얹느라	가깝다	가깝느라	펴다	펴느라
않다	않느라	줍다	줍느라	보다	보느라
많다	많느라	없다	없느라	되다	되느라
끊다	끊느라	빼앗다	빼앗느라	고되다	고되느라
받다	받느라	웃다	웃느라	주다	주느라
곧다	곧느라	낫다	낫느라	쉬다	쉬느라
얻다	얻느라	낫다	낫느라	꿰다	꿰느라
깨닫다	깨닫느라	짓다	짓느라	모으다	모으느라
듣다	듣느라	가만있다	가만있느라	아프다	아프느라
살다	사느라	재미있다	재미있느라	쓰다	쓰느라
달다	다느라	찾다	찾느라	크다	크느라
달다	타느라	낮다	낮느라	고르다	고르느라
만들다	만드느라	잇다	잇느라	바르다	바르느라
길다	기느라	늦다	늦느라	부르다	부르느라
밝다	밝느라	쫓다	쫓느라	게으르다	게으르느라
밟다	밟느라	맡다	맡느라	이르다	이르느라
읽다	읽느라	같다	같느라	푸르다	푸르느라
붉다	붉느라	붙다	붙느라	띠다	띠느라
삶다	삶느라	짙다	짙느라	희다	희느라
굵다	굵느라	갚다	갚느라	기다리다	기다리느라
젊다	젊느라	높다	높느라	느리다	느리느라
밟다	밟느라	짚다	짚느라	이다	이느라
넓다	넓느라	깊다	깊느라	아니다	아니느라
핥다	핥느라	놓다	놓느라		
훑다	훑느라	좋다	좋느라	-(으)시-	잡으시느라

읊다	읊느라	넣다	넣느라	-았/었-	잡았느라
앓다	앓느라	빨갛다	빨갛느라	-았/었-	먹었느라
옳다	옳느라	벌겋다	벌겋느라	-겠-	잡겠느라
잃다	잃느라	하얗다	하얗느라		

의미와 용법

앞 절의 어떤 행위가 뒤 절의 행위를 하지 못했거나 혹은 뒤 절에 발생한 부정적인 결과에 대한 원인이나 이유를 나타내는 데에 사용한다. '-느라고'는 구어에서 '-느라'로 더 많이 쓰인다.

남자친구와 통화를 하느라 어제 늦게 잤어요.
영화를 보느라 엄마의 문자메시지를 못 봤어요.

활용 및 발음

※ '-느라'는 주로 동사 어간과 결합한다.
※ '-느라'는 '-시-'를 제외한 다른 선어말어미와 결합하지 않는다. 예. 잡았느라
※ '막느라, 닦느라, 읽느라'는 '[망느라], [당느라], [잉느라]'와 같이 발음한다.
※ '받느라, 짓느라, 가만있느라, 쫓느라, 믿느라'는 '[반느라], [진느라], [가마닌느라], [쫀느라], [민느라]와 같이 발음한다.
※ '집느라, 갚느라, 읊느라'는 '[짐느라], [감느라], [음느라]'와 같이 발음한다.
※ 'ㄹ'로 끝나는 용언은 '-느라'와 결합하면 'ㄹ'이 탈락한다. 살다-사느라, 만들다-만드느라
※ '핥느라, 앓느라'는 '[할르라], [알르라]'와 같이 발음하고 '밟느라'는 '[밤:느라]'와 같이 발음한다.

-느라고

막다	막느라고	싫다	싫느라고	허옇다	허옇느라고
작다	작느라고	담다	담느라고	사다	사느라고
먹다	먹느라고	숨다	숨느라고	비싸다	비싸느라고
적다	적느라고	검다	검느라고	좋아하다	좋아하느라고
닦다	닦느라고	잡다	잡느라고	착하다	착하느라고
묶다	묶느라고	좁다	좁느라고	보내다	보내느라고
안다	안느라고	입다	입느라고	서다	서느라고
신다	신느라고	돕다	돕느라고	메다	메느라고
앉다	앉느라고	곱다	곱느라고	세다	세느라고
얹다	얹느라고	가깝다	가깝느라고	펴다	펴느라고
않다	않느라고	줍다	줍느라고	보다	보느라고
많다	많느라고	없다	없느라고	되다	되느라고
끊다	끊느라고	빼앗다	빼앗느라고	고되다	고되느라
받다	받느라고	웃다	웃느라고	주다	주느라고
곧다	곧느라고	낫다	낫느라고	쉬다	쉬느라고
얻다	얻느라고	낫다	낫느라고	꿰다	꿰느라고
깨닫다	깨닫느라고	짓다	짓느라고	모으다	모으느라고
듣다	듣느라고	가만있다	가만있느라고	아프다	아프느라고
살다	사느라고	재미있다	재미있느라고	쓰다	쓰느라고
달다	다느라고	찾다	찾느라고	크다	크느라고
달다	타느라고	낮다	낮느라고	고르다	고르느라고
만들다	만드느라고	잊다	잊느라고	바르다	바르느라고
길다	기느라고	늦다	늦느라고	부르다	부르느라고
밝다	밝느라고	쫓다	쫓느라고	게으르다	게으르느라고
밝다	밝느라고	맡다	맡느라고	이르다	이르느라고
읽다	읽느라고	같다	같느라고	푸르다	푸르느라고
붉다	붉느라고	붙다	붙느라고	띄다	띄느라고
삶다	삶느라고	짙다	짙느라고	희다	희느라고
굶다	굶느라고	갚다	갚느라고	기다리다	기다리느라고
젊다	젊느라고	높다	높느라고	느리다	느리느라고
밟다	밟느라고	짚다	짚느라고	이다	이느라고
넓다	넓느라고	깊다	깊느라고	아니다	아니느라고
핥다	핥느라고	놓다	놓느라고		
훑다	훑느라고	좋다	좋느라고	-(으)시-	잡으시느라고

읊다	읊느라고	넣다	넣느라고	-았/었-	잡았느라고
앓다	앓느라고	빨갛다	빨갛느라고	-았/었-	먹었느라고
옳다	옳느라고	벌겋다	벌겋느라고	-겠-	잡겠느라고
잃다	잃느라고	하얗다	하얗느라고		

의미와 용법

앞 절의 어떤 행위가 뒤 절의 행위를 하지 못했거나 혹은 뒤 절에 발생한 부정적인 결과에 대한 원인이나 이유를 나타내는 데에 사용한다. '-느라고'는 구어에서 '-느라'로 더 많이 쓰인다.

　　친구와 이야기를 하느라고 버스에서 못 내렸어요.
　　새로 나온 책을 읽느라고 시간 가는 줄 몰랐어요.

활용 및 발음

※ '-느라고'는 주로 동사 어간과 결합한다.
※ '-느라고'는 '-시-'를 제외한 다른 선어말어미와 결합하지 않는다. 예.
　잡았느라고
※ '막느라고, 닦느라고, 읽느라고'는 '[망느라고], [당느라고], [잉느라고]'
　와 같이 발음한다.
※ '받느라고, 짓느라고, 가만있느라고, 쫓느라고, 믿느라고'는 '[반느라
　고], [진느라고], [가만닌느라고], [쫀느라고], [민느라고]와 같이 발음
　한다.
※ '집느라고, 갚느라고, 읊느라고'는 '[짐느라고], [감느라고], [음느라고]'
　와 같이 발음한다.
※ 'ㄹ'로 끝나는 용언은 '-느라고'와 결합하면 'ㄹ'이 탈락한다. 살다-사
　느라고, 만들다-만드느라고
※ '핥느라고, 앓느라고'는 '[할르라고], [알르라고]'와 같이 발음하고 '밟
　느라고'는 '[밤ː느라고]'와 같이 발음한다.

-다가

막다	막다가	싫다	~~싫다가~~	허옇다	~~허옇다가~~
작다	~~작다가~~	담다	담다가	사다	사다가
먹다	먹다가	숨다	숨다가	비싸다	~~비싸다가~~
적다	적다가	검다	~~검다가~~	좋아하다	좋아하다가
닦다	닦다가	잡다	잡다가	착하다	~~착하다가~~
묶다	묶다가	좁다	~~좁다가~~	보내다	보내다가
안다	안다가	입다	입다가	서다	서다가
신다	신다가	돕다	돕다가	메다	메다가
앉다	앉다가	곱다	~~곱다가~~	세다	~~세다가~~
얹다	얹다가	가깝다	~~가깝다가~~	펴다	펴다가
않다	~~않다가~~	줍다	줍다가	보다	보다가
많다	~~많다가~~	없다	~~없다가~~	되다	되다가
끊다	끊다가	빼앗다	~~빼앗다가~~	고되다	~~고되다가~~
받다	받다가	웃다	웃다가	주다	주다가
곧다	~~곧다가~~	낫다	낫다가	쉬다	쉬다가
얻다	얻다가	낮다	~~낮다가~~	꿰다	꿰다가
깨닫다	깨닫다가	짓다	짓다가	모으다	모으다가
듣다	듣다가	가만있다	가만있다가	아프다	~~아프다가~~
살다	살다가	재미있다	~~재미있다가~~	쓰다	쓰다가
달다	달다가	찾다	찾다가	크다	~~크다가~~
달다	~~달다가~~	낮다	~~낮다가~~	고르다	고르다가
만들다	만들다가	잇다	잇다가	바르다	~~바르다가~~
길다	~~길다가~~	늦다	~~늦다가~~	부르다	부르다가
밝다	~~밝다가~~	쫓다	쫓다가	게으르다	~~게으르다가~~
밝다	~~밝다가~~	맡다	맡다가	이르다	이르다가
읽다	읽다가	같다	~~같다가~~	푸르다	~~푸르다가~~
붉다	~~붉다가~~	붙다	붙다가	띄다	띄다가
삶다	삶다가	짙다	~~짙다가~~	희다	~~희다가~~
굵다	굵다가	갚다	갚다가	기다리다	기다리다가
젊다	~~젊다가~~	높다	~~높다가~~	느리다	~~느리다가~~
밟다	밟다가	짚다	짚다가	이다	~~이다가~~
넓다	~~넓다가~~	깊다	~~깊다가~~	아니다	~~아니다가~~
핥다	핥다가	놓다	놓다가		

훑다	훑다가	좋다	~~좋다가~~	-(으)시-	잡으시다가
읊다	읊다가	넣다	넣다가	-았/었-	~~잡았다가~~
앓다	앓다가	빨갛다	~~빨갛다가~~	-았/었-	~~먹었다가~~
옳다	~~옳다가~~	벌겋다	~~벌겋다가~~	-겠-	~~잡겠다가~~
잃다	잃다가	하얗다	~~하얗다가~~		

의미와 용법

어떠한 행위나 상태가 중단되고 다른 행위나 상태로 바뀜을 나타낸다.
어떤 일을 하는 도중에 그 일을 그만두고 다른 일을 할 때 사용한다.

> 언니는 아이를 보다가 전화를 받고 나갔어요.
>
> 소영이는 퇴근을 하다가 빵집에 들렀다.

활용 및 발음

※ '-다가'는 동사 어간과 주로 결합한다.
※ '-다가'의 두음 'ㄷ'은 'ㄱ, ㄴ, ㄲ, ㄷ, ㅁ, ㅂ, ㅅ, ㅆ, ㅈ, ㅊ, ㅌ, ㅍ'으로 끝나는 어간과 결합하면 된소리가 된다. 예: 막다가[막따가], 닦다가[닥따가], 안다가[안:따가], 받다가[받따가], 담다가[담:따가], 잡다가[잡따가], 빼앗다가[빼앋따가], 가만있다가[가만닏따가], 찾다가[찯따가], 쫓다가[쫃따가], 맡다가[맏따가], 갚다가[갑따가]
※ '-다가'의 두음 'ㄷ'은 'ㅎ' 또는 'ㄶ'으로 끝나는 어간과 결합하면 'ㅌ'과 축약이 된다. 예: 놓다가[노타가], 앓다가[알타가]
※ '읽다가, 삶다가, 밟다가, 핥다가, 훑다가, 읊다가'는 '[익따가], [삼:따가], [밥:따가], [할따가], [훌따가], [읍따가]'로 발음한다.
※ '앉다가'는 '[안따가]'로 발음한다.

-다시피

막다	막다시피	싫다	~~싫다시피~~	허옇다	~~허옇다시피~~
작다	~~작다시피~~	담다	담다시피	사다	사다시피
먹다	먹다시피	숨다	숨다시피	비싸다	~~비싸다시피~~
적다	~~적다시피~~	검다	~~검다시피~~	좋아하다	좋아하다시피
닦다	닦다시피	잡다	잡다시피	착하다	~~착하다시피~~
묶다	묶다시피	좁다	~~좁다시피~~	보내다	보내다시피
안다	안다시피	입다	입다시피	서다	서다시피
신다	신다시피	돕다	돕다시피	메다	메다시피
앉다	앉다시피	곱다	~~곱다시피~~	세다	~~세다시피~~
얹다	얹다시피	가깝다	~~가깝다시피~~	펴다	펴다시피
않다	~~않다시피~~	줍다	줍다시피	보다	보다시피
많다	~~많다시피~~	없다	~~없다시피~~	되다	되다시피
끓다	끓다시피	빼앗다	빼앗다시피	고되다	~~고되다시피~~
받다	받다시피	웃다	웃다시피	주다	주다시피
곧다	~~곧다시피~~	낫다	낫다시피	쉬다	쉬다시피
얻다	얻다시피	낮다	~~낮다시피~~	꿰다	꿰다시피
깨닫다	깨닫다시피	짓다	짓다시피	모으다	모으다시피
듣다	듣다시피	가만있다	가만있다시피	아프다	~~아프다시피~~
살다	살다시피	재미있다	~~재미있다시피~~	쓰다	쓰다시피
달다	달다시피	찾다	찾다시피	크다	~~크다시피~~
달다	~~달다시피~~	낮다	~~낮다시피~~	고르다	고르다시피
만들다	만들다시피	잇다	잇다시피	바르다	~~바르다시피~~
길다	~~길다시피~~	늦다	~~늦다시피~~	부르다	부르다시피
밝다	~~밝다시피~~	쫓다	쫓다시피	게으르다	~~게으르다시피~~
밝다	~~밝다시피~~	맡다	맡다시피	이르다	이르다시피
읽다	읽다시피	같다	~~같다시피~~	푸르다	~~푸르다시피~~
붉다	~~붉다시피~~	붙다	붙다시피	띄다	띄다시피
삶다	삶다시피	짙다	~~짙다시피~~	희다	~~희다시피~~
굶다	굶다시피	갚다	갚다시피	기다리다	기다리다시피
젊다	~~젊다시피~~	높다	~~높다시피~~	느리다	~~느리다시피~~
밟다	밟다시피	짚다	짚다시피	이다	~~이다시피~~
넓다	~~넓다시피~~	깊다	~~깊다시피~~	아니다	~~아니다시피~~
핥다	핥다시피	놓다	놓다시피		
훑다	훑다시피	좋다	~~좋다시피~~	-(으)시-	잡으시다시피

읊다	읊다시피	넣다	넣다시피	-았/었-	잡았다시퍄
앓다	앓다시피	빨갛다	~~빨갛다시퍄~~	-았/었-	~~먹었다시퍄~~
옳다	~~옳다시퍄~~	벌겋다	~~벌겋다시퍄~~	-겠-	~~잡겠다시퍄~~
잃다	잃다시피	하얗다	~~하얗다시퍄~~		

의미와 용법

듣는 사람이 알고 있는 것과 같은 사실이나 어떤 사실과 비슷함을 나타
내는 연결어미. 앞 절의 내용이 듣는 사람이 이미 알고 있는 것임을 나타
내거나 앞 절의 동작에 가까움을 나타낸다.

들으셨다시피 이번 시험 문제는 아주 어렵습니다.
다이어트를 해서 거의 밥을 안 먹다시피 했어요.

활용 및 발음

※ '-다시피'는 동사 어간과 주로 결합한다.
※ '-다시피'의 두음 'ㄷ'은 'ㄱ, ㄴ, ㄲ, ㄷ, ㅁ, ㅂ, ㅅ, ㅆ, ㅈ, ㅊ, ㅌ, ㅍ'
으로 끝나는 어간과 결합하면 된소리가 된다. 예: 막다시피[막따시피],
닦다시피[닥따시피], 안다시피[안:따시피], 받다시피[받따시피], 담다시
피[담:따시피], 잡다시피[잡따시피], 빼앗다시피[빼알따시피], 가만있다
시피[가만닏따시피], 찾다시피[찯따시피], 쫓다시피[쫃따시피], 맡다시
피[맏따시피], 갚다시피[갑따시피]
※ '-다시피'의 두음 'ㄷ'은 'ㅎ' 또는 'ㅀ'으로 끝나는 어간과 결합하면
'ㅎ'과 축약이 된다. 예: 놓다시피[노타시피], 앓다시피[알타시피]
※ '읽다시피, 삶다시피, 밟다시피, 핥다시피, 훑다시피, 읊다시피'는 '[익따
시피], [삼:따시피], [밥:따시피], [할따시피], [훌따시피], [읍따시피]'로
발음한다.
※ '앉다시피'는 '[안따시피]'로 발음한다.

-더니

막다	막더니	싫다	싫더니	허옇다	허옇더니
작다	작더니	담다	담더니	사다	사더니
먹다	먹더니	숨다	숨더니	비싸다	비싸더니
적다	적더니	검다	검더니	좋아하다	좋아하더니
닦다	닦더니	잡다	잡더니	착하다	착하더니
묶다	묶더니	좁다	좁더니	보내다	보내더니
안다	안더니	입다	입더니	서다	서더니
신다	신더니	돕다	돕더니	메다	메더니
앉다	앉더니	곱다	곱더니	세다	세더니
얹다	얹더니	가깝다	가깝더니	펴다	펴더니
않다	않더니	줍다	줍더니	보다	보더니
많다	많더니	없다	없더니	되다	되더니
끊다	끊더니	빼앗다	빼앗더니	고되다	고되더니
받다	받더니	웃다	웃더니	주다	주더니
곧다	곧더니	낫다	낫더니	쉬다	쉬더니
얻다	얻더니	낫다	낫더니	꿰다	꿰더니
깨닫다	깨닫더니	짓다	짓더니	모으다	모으더니
듣다	듣더니	가만있다	가만있더니	아프다	아프더니
살다	살더니	재미있다	재미있더니	쓰다	쓰더니
달다	달더니	찾다	찾더니	크다	크더니
달다	달더니	낮다	낮더니	고르다	고르더니
만들다	만들더니	잇다	잇더니	바르다	바르더니
길다	길더니	늦다	늦더니	부르다	부르더니
밝다	밝더니	쫓다	쫓더니	게으르다	게으르더니
밝다	밝더니	맡다	맡더니	이르다	이르더니
읽다	읽더니	같다	같더니	푸르다	푸르더니
붉다	붉더니	붙다	붙더니	띄다	띄더니
삶다	삶더니	짙다	짙더니	희다	희더니
굶다	굶더니	갚다	갚더니	기다리다	기다리더니
젊다	젊더니	높다	높더니	느리다	느리더니
밟다	밟더니	짚다	짚더니	이다	이더니
넓다	넓더니	깊다	깊더니	아니다	아니더니
핥다	핥더니	놓다	놓더니		
훑다	훑더니	좋다	좋더니	-(으)시-	잡으시더니

읊다	읊더니	넣다	넣더니	-았/었-	잡았더니
앓다	앓더니	빨갛다	빨갛더니	-았/었-	먹었더니
옳다	옳더니	벌겋다	벌겋더니	-겠-	잡겠더니
잃다	잃더니	하얗다	하얗더니		

의미와 용법

1) 말하는 사람이 과거에 관찰하여 알게 된 사실에 뒤이어 일어난 행위나 상황을 나타낼 때 사용한다.

   동생이 돈을 빌려가더니 제 전화를 안 받네요.
   친구가 한참을 망설이더니 고민을 말하더라고요.

2) 말하는 사람이 과거에 관찰하여 알게 된 사실과 대조적인 사실이나 상황이 현재 나타날 때 사용한다.

   어제는 흐리더니 오늘은 날씨가 좋네요.
   저번에는 파스타를 안 먹더니 오늘은 잘 먹네.

3) 말하는 사람이 과거에 관찰하여 알게 된 사실에 대해 어떤 결과가 나타났는지 말할 때 사용한다.

   그 학생은 꾸준히 한국어 공부를 하더니 좋은 성적을 받았어요.
   수지는 열심히 운동을 하더니 몰라보게 날씬해졌어요.

활용 및 발음

※ '-더니'의 두음 'ㄷ'은 'ㄱ, ㄴ, ㄲ, ㄷ, ㅁ, ㅂ, ㅅ, ㅆ, ㅈ, ㅊ, ㅌ, ㅍ'으로 끝나는 어간과 결합하면 된소리가 된다. 예: 막더니[막떠니], 닦더니[닥떠니], 안더니[안:떠니], 받더니[받떠니], 담더니[담:떠니], 잡더니[잡떠니], 빼앗더니[빼앋떠니], 가만있더니[가마닏떠니], 찾더니[찯떠니], 쫓더니[쫃떠니], 맡더니[맏떠니], 갚더니[갑떠니]

※ '-더니'의 두음 'ㄷ'은 'ㅎ' 또는 'ㅀ'으로 끝나는 어간과 결합하면 'ㅎ'과 축약이 된다. 예: 놓더니[노터니], 앓더니[알터니]

※ '읽더니, 삶더니, 밟더니, 핥더니, 훑더니, 읊더니'는 '[익떠니], [삼:떠니], [밥:떠니], [할떠니], [훌떠니], [읍떠니]'로 발음한다.

※ '앉더니'는 '[안떠니]'로 발음한다.

- 더라도

막다	막더라도	싫다	싫더라도	허옇다	허옇더라도
작다	작더라도	담다	담더라도	사다	사더라도
먹다	먹더라도	숨다	숨더라도	비싸다	비싸더라도
적다	적더라도	검다	검더라도	좋아하다	좋아하더라도
닦다	닦더라도	잡다	잡더라도	착하다	착하더라도
묶다	묶더라도	좁다	좁더라도	보내다	보내더라도
안다	안더라도	입다	입더라도	서다	서더라도
신다	신더라도	돕다	돕더라도	메다	메더라도
앉다	앉더라도	곱다	곱더라도	세다	세더라도
얹다	얹더라도	가깝다	가깝더라도	펴다	펴더라도
않다	않더라도	줍다	줍더라도	보다	보더라도
많다	많더라도	없다	없더라도	되다	되더라도
끊다	끊더라도	빼앗다	빼앗더라도	고되다	고되더라도
받다	받더라도	웃다	웃더라도	주다	주더라도
곧다	곧더라도	낫다	낫더라도	쉬다	쉬더라도
얻다	얻더라도	낫다	낫더라도	꿰다	꿰더라도
깨닫다	깨닫더라도	짓다	짓더라도	모으다	모으더라도
듣다	듣더라도	가만있다	가만있더라도	아프다	아프더라도
살다	살더라도	재미있다	재미있더라도	쓰다	쓰더라도
달다	달더라도	찾다	찾더라도	크다	크더라도
달다	달더라도	낮다	낮더라도	고르다	고르더라도
만들다	만들더라도	잊다	잊더라도	바르다	바르더라도
길다	길더라도	늦다	늦더라도	부르다	부르더라도
밝다	밝더라도	쫓다	쫓더라도	게으르다	게으르더라도
밝다	밝더라도	맡다	맡더라도	이르다	이르더라도
읽다	읽더라도	같다	같더라도	푸르다	푸르더라도
붉다	붉더라도	붙다	붙더라도	띄다	띄더라도
삶다	삶더라도	짙다	짙더라도	희다	희더라도
굶다	굶더라도	갚다	갚더라도	기다리다	기다리더라도
젊다	젊더라도	높다	높더라도	느리다	느리더라도
밟다	밟더라도	짚다	짚더라도	이다	이더라도
넓다	넓더라도	깊다	깊더라도	아니다	아니더라도
핥다	핥더라도	놓다	놓더라도		
훑다	훑더라도	좋다	좋더라도	-(으)시-	잡으시더라도

읊다	읊더라도	넣다	넣더라도	-았/었-	잡았더라도
앓다	앓더라도	빨갛다	빨갛더라도	-았/었-	먹었더라도
옳다	옳더라도	벌겋다	벌겋더라도	-겠-	잡겠더라도
잃다	잃더라도	하얗다	하얗더라도		

의미와 용법

앞 절의 내용을 인정하거나 가정한다고 해도 앞 절의 내용으로 기대하는 바가 뒤 절에서 부정됨을 나타낸다.

　아무리 피곤하더라도 숙제는 꼭 하세요.

　다이어트를 하더라도 굶지는 마세요.

활용 및 발음

※ '-더라도'의 두음 'ㄷ'은 'ㄱ, ㄴ, ㄲ, ㄷ, ㅁ, ㅂ, ㅅ, ㅆ, ㅈ, ㅊ, ㅌ, ㅍ'으로 끝나는 어간과 결합하면 된소리가 된다. 예: 막더라도[막떠라도], 닦더라도[닥떠라도], 안더라도[안:떠라도], 받더라도[받떠라도], 담더라도[담:떠라도], 잡더라도[잡떠라도], 빼앗더라도[빼앋떠라도], 가만있더라도[가마닏떠라도], 찾더라도[찯떠라도], 쫓더라도[쫀떠라도], 맡더라도[맏떠라도], 갚더라도[갑떠라도]

※ '-더라도'의 두음 'ㄷ'은 'ㅎ' 또는 'ㅀ'으로 끝나는 어간과 결합하면 'ㅎ'과 축약이 된다. 예: 놓더라도[노터라도], 앓더라도[알터라도]

※ '읽더라도, 삶더라도, 밟더라도, 넓더라도, 핥더라도, 훑더라도, 읊더라도'는 '[익떠라도], [삼:떠라도], [밥:떠라도], [널떠라도], [할떠라도], [훌떠라도], [읍떠라도]'로 발음한다.

※ '앉더라도'는 '[안떠라도]'로 발음한다.

-던데

막다	막던데	싫다	싫던데	허옇다	허옇던데
작다	작던데	담다	담던데	사다	사던데
먹다	먹던데	숨다	숨던데	비싸다	비싸던데
적다	적던데	검다	검던데	좋아하다	좋아하던데
닦다	닦던데	잡다	잡던데	착하다	착하던데
묶다	묶던데	좁다	좁던데	보내다	보내던데
안다	안던데	입다	입던데	서다	서던데
신다	신던데	돕다	돕던데	메다	메던데
앉다	앉던데	곱다	곱던데	세다	세던데
얹다	얹던데	가깝다	가깝던데	펴다	펴던데
않다	않던데	줍다	줍던데	보다	보던데
많다	많던데	없다	없던데	되다	되던데
끊다	끊던데	빼앗다	빼앗던데	고되다	고되던데
받다	받던데	웃다	웃던데	주다	주던데
곧다	곧던데	낫다	낫던데	쉬다	쉬던데
얻다	얻던데	낫다	낫던데	꿰다	꿰던데
깨닫다	깨닫던데	짓다	짓던데	모으다	모으던데
듣다	듣던데	가만있다	가만있던데	아프다	아프던데
살다	살던데	재미있다	재미있던데	쓰다	쓰던데
달다	달던데	찾다	찾던데	크다	크던데
달다	달던데	낮다	낮던데	고르다	고르던데
만들다	만들던데	잊다	잊던데	바르다	바르던데
길다	길던데	늦다	늦던데	부르다	부르던데
밝다	밝던데	쫓다	쫓던데	게으르다	게으르던데
밝다	밝던데	맡다	맡던데	이르다	이르던데
읽다	읽던데	같다	같던데	푸르다	푸르던데
붉다	붉던데	붙다	붙던데	띄다	띄던데
삶다	삶던데	짙다	짙던데	희다	희던데
굶다	굶던데	갚다	갚던데	기다리다	기다리던데
젊다	젊던데	높다	높던데	느리다	느리던데
밟다	밟던데	짚다	짚던데	이다	이던데
넓다	넓던데	깊다	깊던데	아니다	아니던데
핥다	핥던데	놓다	놓던데		
훑다	훑던데	좋다	좋던데	-(으)시-	잡으시던데

읊다	읊던데	넣다	넣던데	-았/었-	잡았던데
앓다	앓던데	빨갛다	빨갛던데	-았/었-	먹었던데
옳다	옳던데	벌겋다	벌겋던데	-겠-	잡겠던데
잃다	잃던데	하얗다	하얗던데		

의미와 용법

뒤 절에서 어떤 일을 설명하거나 묻거나 시키거나 제안하기 위하여, 그와 상관있는 과거에 경험하거나 관찰한 사실을 나타낸다. 주로 구어에서 사용한다.

> 떡볶이가 정말 맛있던데 어떤 재료를 사용하신 거예요?
> 지난번에 보니까 베트남어를 잘하시던데 얼마나 배우셨어요?

활용 및 발음

※ '-던데'의 두음 'ㄷ'은 'ㄱ, ㄴ, ㄲ, ㄷ, ㅁ, ㅂ, ㅅ, ㅆ, ㅈ, ㅊ, ㅌ, ㅍ'으로 끝나는 어간과 결합하면 된소리가 된다. 예: 막던데[막떤데], 닦던데[닥떤데], 안던데[안ː떤데], 받던데[받떤데], 담던데[담ː떤데], 잡던데[잡떤데], 빼앗던데[빼앋떤데], 가만있던데[가마닏떤데], 찾던데[찯떤데], 쫓던데[쫃떤데], 맡던데[맏떤데], 갚던데[갑떤데]

※ '-던데'의 두음 'ㄷ'은 'ㅎ' 또는 'ㄶ'으로 끝나는 어간과 결합하면 'ㅎ'과 축약이 된다. 예: 놓던데[노턴데], 앓던데[알턴데]

※ '읽던데, 삶던데, 밟던데, 넓던데, 핥던데, 훑던데, 읊던데'는 '[익떤데], [삼ː떤데], [밥ː떤데], [널떤데], [할떤데], [훌떤데], [읍떤데]'로 발음한다.

※ '앓던데'는 '[안떤데]'로 발음한다.

-도록

막다	막도록	싫다	싫도록	허옇다	허옇도록
작다	작도록	담다	담도록	사다	사도록
먹다	먹도록	숨다	숨도록	비싸다	비싸도록
적다	적도록	검다	검도록	좋아하다	좋아하도록
닦다	닦도록	잡다	잡도록	착하다	착하도록
묶다	묶도록	좁다	좁도록	보내다	보내도록
안다	안도록	입다	입도록	서다	서도록
신다	신도록	돕다	돕도록	메다	메도록
앉다	앉도록	곱다	곱도록	세다	세도록
얹다	얹도록	가깝다	가깝도록	펴다	펴도록
않다	않도록	줍다	줍도록	보다	보도록
많다	많도록	없다	없도록	되다	되도록
끊다	끊도록	빼앗다	빼앗도록	고되다	고되도록
받다	받도록	웃다	웃도록	주다	주도록
곧다	곧도록	낫다	낫도록	쉬다	쉬도록
얻다	얻도록	낫다	낫도록	꿰다	꿰도록
깨닫다	깨닫도록	짓다	짓도록	모으다	모으도록
듣다	듣도록	가만있다	가만있도록	아프다	아프도록
살다	살도록	재미있다	재미있도록	쓰다	쓰도록
달다	달도록	찾다	찾도록	크다	크도록
달다	달도록	낮다	낮도록	고르다	고르도록
만들다	만들도록	잇다	잇도록	바르다	바르도록
길다	길도록	늦다	늦도록	부르다	부르도록
밝다	밝도록	쫓다	쫓도록	게으르다	게으르도록
밝다	밝도록	맡다	맡도록	이르다	이르도록
읽다	읽도록	같다	같도록	푸르다	푸르도록
붉다	붉도록	붙다	붙도록	띄다	띄도록
삶다	삶도록	짙다	짙도록	희다	희도록
굶다	굶도록	갚다	갚도록	기다리다	기다리도록
젊다	젊도록	높다	높도록	느리다	느리도록
밟다	밟도록	짚다	짚도록	이다	이도록
넓다	넓도록	깊다	깊도록	아니다	아니도록
핥다	핥도록	놓다	놓도록		
훑다	훑도록	좋다	좋도록	-(으)시-	잡으시도록

읊다	읊도록	넣다	넣도록	-았/었-	잡았도록
앓다	앓도록	빨갛다	빨갛도록	-았/었-	먹었도록
옳다	옳도록	벌겋다	벌겋도록	-겠-	잡겠도록
잃다	잃도록	하얗다	하얗도록		

의미와 용법

1) 뒤에 나오는 동작에 대한 목적을 나타낼 때 사용한다.

　　해외여행을 갈 수 있도록 저축을 꾸준히 해야 합니다.
　　다음 시험에서 좋은 성적을 받도록 열심히 공부하세요.

2) 뒤에 나오는 동작이나 작용의 정도나 한계를 나타낸다.

　　감기에 걸리도록 추운 곳에 있는 것은 좋지 않아요.
　　아무리 신나도 취하도록 맥주를 마시는 것은 좋은 습관이 아닙니다.

활용 및 발음

※ '-도록'은 행위를 나타내는 동사 어간과 주로 결합한다.

※ '-도록'은 '-었-'이나 '-겠'과는 결합할 수 없으며 '-(으)시-'와는 결합
할 수 있다.

※ '-도록'의 두음 'ㄷ'은 'ㄱ, ㄴ, ㄲ, ㄷ, ㅁ, ㅂ, ㅅ, ㅆ, ㅈ, ㅊ, ㅌ, ㅍ'으
로 끝나는 어간과 결합하면 된소리가 된다. 예: 막도록[막또록], 닦도
록[닥또록], 안도록[안:또록], 받도록[받또록], 담도록[담:또록], 잡도록
[잡또록], 빼앗도록[빼앋또록], 가만있도록[가마닏또록], 찾도록[찬또
록], 쫓도록[쫀또록], 맡도록[맏또록], 갚도록[갑또록]

※ '-도록'의 두음 'ㄷ'은 'ㅎ' 또는 'ㅀ'으로 끝나는 어간과 결합하면 'ㅎ'
과 축약이 된다. 예: 놓도록[노토록], 앓도록[알토록]

※ '읽도록, 삶도록, 밟도록, 넓도록, 핥도록, 훑도록, 읊도록'은 '[익또록],
[삼:또록], [밥:또록], [할또록], [홀또록], [읍또록]'으로 발음한다.

※ '앉도록'은 '[안또록]'로 발음한다.

-든지

막다	막든지	싫다	싫든지	허옇다	허옇든지
작다	작든지	담다	담든지	사다	사든지
먹다	먹든지	숨다	숨든지	비싸다	비싸든지
적다	적든지	검다	검든지	좋아하다	좋아하든지
닦다	닦든지	잡다	잡든지	착하다	착하든지
묶다	묶든지	좁다	좁든지	보내다	보내든지
안다	안든지	입다	입든지	서다	서든지
신다	신든지	돕다	돕든지	메다	메든지
앉다	앉든지	곱다	곱든지	세다	세든지
얹다	얹든지	가깝다	가깝든지	펴다	펴든지
않다	않든지	줍다	줍든지	보다	보든지
많다	많든지	없다	없든지	되다	되든지
끊다	끊든지	빼앗다	빼앗든지	고되다	고되든지
받다	받든지	웃다	웃든지	주다	주든지
곧다	곧든지	낫다	낫든지	쉬다	쉬든지
얻다	얻든지	낳다	낳든지	꿰다	꿰든지
깨닫다	깨닫든지	짓다	짓든지	모으다	모으든지
듣다	듣든지	가만있다	가만있든지	아프다	아프든지
살다	살든지	재미있다	재미있든지	쓰다	쓰든지
달다	달든지	찾다	찾든지	크다	크든지
달다	달든지	낮다	낮든지	고르다	고르든지
만들다	만들든지	잊다	잊든지	바르다	바르든지
길다	길든지	늦다	늦든지	부르다	부르든지
밝다	밝든지	좇다	좇든지	게으르다	게으르든지
밝다	밝든지	맡다	맡든지	이르다	이르든지
읽다	읽든지	같다	같든지	푸르다	푸르든지
붉다	붉든지	붙다	붙든지	띄다	띄든지
삶다	삶든지	짙다	짙든지	희다	희든지
굶다	굶든지	갚다	갚든지	기다리다	기다리든지
젊다	젊든지	높다	높든지	느리다	느리든지
밟다	밟든지	짚다	짚든지	이다	이든지
넓다	넓든지	깊다	깊든지	아니다	아니든지
핥다	핥든지	놓다	놓든지		
훑다	훑든지	좋다	좋든지	-(으)시-	잡으시든지

읊다	읊든지	넣다	넣든지	-았/었-	잡았든지
앓다	앓든지	빨갛다	빨갛든지	-았/었-	먹었든지
옳다	옳든지	벌겋다	벌겋든지	-겠-	잡겠든지
잃다	잃든지	하얗다	하얗든지		

의미와 용법

선택할 수 있는 여러 가지를 나열하여 그중 어느 것을 선택하거나 그 어느 것을 선택해도 상관이 없음을 나타낸다.

> 음악을 듣든지 드라마를 보든지 책을 읽든지 하루에 1시간은 혼자만의 시간을 갖는 것이 좋다.
> 내가 무엇을 먹든지 신경 쓰지 마세요.

활용 및 발음

※ '-든지'의 두음 'ㄷ'은 'ㄱ, ㄴ, ㄲ, ㄷ, ㅁ, ㅂ, ㅅ, ㅆ, ㅈ, ㅊ, ㅌ, ㅍ'으로 끝나는 어간과 결합하면 된소리가 된다. 예: 막든지[막뜬지], 닦든지[닥뜬지], 안든지[안ː뜬지], 받든지[받뜬지], 담든지[담ː뜬지], 잡든지[잡뜬지], 빼앗든지[빼알뜬지], 가만있든지[가마닏뜬지], 찾든지[찯뜬지], 쫓든지[쫃뜬지], 맡든지[맏뜬지], 갚든지[갑뜬지]

※ '-든지'의 두음 'ㄷ'은 'ㅎ' 또는 'ㅀ'으로 끝나는 어간과 결합하면 'ㅎ'과 축약이 된다. 예: 놓든지[노튼지], 앓든지[알튼지]

※ '읽든지, 삶든지, 밟든지, 넓든지, 핥든지, 훑든지, 읊든지'는 '[익뜬지], [삼ː뜬지], [밥ː뜬지], [널뜬지], [할뜬지], [훌뜬지], [읍뜬지]'로 발음한다.

※ '앉든지'는 '[안뜬지]'로 발음한다.

-듯이

막다	막듯이	싫다	싫듯이	허옇다	허옇듯이
작다	작듯이	담다	담듯이	사다	사듯이
먹다	먹듯이	숨다	숨듯이	비싸다	비싸듯이
적다	적듯이	검다	검듯이	좋아하다	좋아하듯이
닦다	닦듯이	잡다	잡듯이	착하다	착하듯이
묶다	묶듯이	좁다	좁듯이	보내다	보내듯이
안다	안듯이	입다	입듯이	서다	서듯이
신다	신듯이	돕다	돕듯이	메다	메듯이
앉다	앉듯이	곱다	곱듯이	세다	세듯이
얹다	얹듯이	가깝다	가깝듯이	펴다	펴듯이
않다	않듯이	줍다	줍듯이	보다	보듯이
많다	많듯이	없다	없듯이	되다	되듯이
끊다	끊듯이	빼앗다	빼앗듯이	고되다	고되듯이
받다	받듯이	웃다	웃듯이	주다	주듯이
곧다	곧듯이	낫다	낫듯이	쉬다	쉬듯이
얻다	얻듯이	낫다	낫듯이	꿰다	꿰듯이
깨닫다	깨닫듯이	짓다	짓듯이	모으다	모으듯이
듣다	듣듯이	가만있다	가만있듯이	아프다	아프듯이
살다	살듯이	재미있다	재미있듯이	쓰다	쓰듯이
달다	달듯이	찾다	찾듯이	크다	크듯이
달다	달듯이	낮다	낮듯이	고르다	고르듯이
만들다	만들듯이	잊다	잊듯이	바르다	바르듯이
길다	길듯이	늦다	늦듯이	부르다	부르듯이
밝다	밝듯이	쫓다	쫓듯이	게으르다	게으르듯이
밝다	밝듯이	맡다	맡듯이	이르다	이르듯이
읽다	읽듯이	같다	같듯이	푸르다	푸르듯이
붉다	붉듯이	붙다	붙듯이	띄다	띄듯이
삶다	삶듯이	짙다	짙듯이	희다	희듯이
굶다	굶듯이	갚다	갚듯이	기다리다	기다리듯이
젊다	젊듯이	높다	높듯이	느리다	느리듯이
밟다	밟듯이	짚다	짚듯이	이다	이듯이
넓다	넓듯이	깊다	깊듯이	아니다	아니듯이
핥다	핥듯이	놓다	놓듯이		
훑다	훑듯이	좋다	좋듯이	-(으)시-	잡으시듯이

읊다	읊듯이	넣다	넣듯이	-았/었-	잡았듯이
앓다	앓듯이	빨갛다	빨갛듯이	-았/었-	먹었듯이
옳다	옳듯이	벌겋다	벌겋듯이	-겠-	잡겠듯이
잃다	잃듯이	하얗다	하얗듯이		

의미와 용법

앞 절의 내용이 뒤 절의 내용과 거의 같음을 나타낸다. 비유적으로 나타
낼 때 주로 사용한다.

사람마다 외모가 다르듯이 성격도 각양각색이에요.

그러니까 선생님이 말씀하셨듯이 수업을 열심히 들어야 해요.

활용 및 발음

※ '-듯이'의 두음 'ㄷ'은 'ㄱ, ㄴ, ㄲ, ㄷ, ㅁ, ㅂ, ㅅ, ㅆ, ㅈ, ㅊ, ㅌ, ㅍ'으
로 끝나는 어간과 결합하면 된소리가 된다. 예: 막듯이[막뜨시], 닦듯
이[닥뜨시], 안듯이[안:뜨시], 받듯이[받뜨시], 담듯이[담:뜨시], 잡듯이
[잡뜨시], 빼앗듯이[빼앋뜨시], 가만있듯이[가마닏뜨시], 찾듯이[찯뜨
시], 쫓듯이[쫃뜨시], 맡듯이[맏뜨시], 갚듯이[갑뜨시]

※ '-듯이'의 두음 'ㄷ'은 'ㅎ' 또는 'ㅀ'으로 끝나는 어간과 결합하면 'ㅎ'
과 축약이 된다. 예: 놓듯이[노트시], 앓듯이[알트시]

※ '읽듯이, 삶듯이, 밟듯이, 넓듯이, 핥듯이, 훑듯이, 읊듯이'는 '[익뜨시],
[삼:뜨시], [밥:뜨시], [널뜨시], [할뜨시], [훌뜨시], [읍뜨시]'로 발음한다.

※ '앉듯이'는 '[안뜨시]'로 발음한다.

-자마자

막다	막자마자	싫다	~~싫자마자~~	허옇다	~~허옇자마자~~
작다	~~작자마자~~	담다	담자마자	사다	사자마자
먹다	먹자마자	숨다	숨자마자	비싸다	~~비싸자마자~~
적다	~~적자마자~~	검다	~~검자마자~~	좋아하다	좋아하자마자
닦다	닦자마자	잡다	잡자마자	착하다	~~착하자마자~~
묶다	묶자마자	좁다	~~좁자마자~~	보내다	보내자마자
안다	안자마자	입다	입자마자	서다	서자마자
신다	신자마자	돕다	돕자마자	메다	메자마자
앉다	앉자마자	곱다	~~곱자마자~~	세다	~~세자마자~~
얹다	얹자마자	가깝다	~~가깝자마자~~	펴다	펴자마자
않다	~~않자마자~~	줍다	줍자마자	보다	보자마자
많다	~~많자마자~~	없다	~~없자마자~~	되다	되자마자
끊다	끊자마자	빼앗다	~~빼앗자마자~~	고되다	~~고되자마자~~
받다	받자마자	웃다	웃자마자	주다	주자마자
곧다	~~곧자마자~~	낫다	낫자마자	쉬다	쉬자마자
얻다	얻자마자	낮다	~~낮자마자~~	꿰다	꿰자마자
깨닫다	깨닫자마자	짓다	짓자마자	모으다	모으자마자
듣다	듣자마자	가만있다	가만있자마자	아프다	~~아프자마자~~
살다	살자마자	재미있다	~~재미있자마자~~	쓰다	쓰자마자
달다	달자마자	찾다	찾자마자	크다	~~크자마자~~
달다	~~달자마자~~	낮다	~~낮자마자~~	고르다	고르자마자
만들다	만들자마자	잇다	잇자마자	바르다	~~바르자마자~~
길다	~~길자마자~~	늦다	~~늦자마자~~	부르다	부르자마자
밝다	밝자마자	쫓다	쫓자마자	게으르다	~~게으르자마자~~
밝다	~~밝자마자~~	맡다	맡자마자	이르다	이르자마자
읽다	읽자마자	같다	~~같자마자~~	푸르다	~~푸르자마자~~
붉다	~~붉자마자~~	붙다	붙자마자	띄다	띄자마자
삶다	삶자마자	짙다	~~짙자마자~~	희다	~~희자마자~~
굶다	굶자마자	갚다	갚자마자	기다리다	기다리자마자
젊다	~~젊자마자~~	높다	~~높자마자~~	느리다	~~느리자마자~~
밟다	밟자마자	짚다	짚자마자	이다	~~어자마자~~
넓다	~~넓자마자~~	깊다	~~깊자마자~~	아니다	~~아니자마자~~
핥다	핥자마자	놓다	놓자마자		
훑다	훑자마자	좋다	~~좋자마자~~	-(으)시-	잡으시자마자

읊다	읊자마자	넣다	넣자마자	-았/었-	~~잡았자마자~~
앓다	앓자마자	빨갛다	~~빨갛자마자~~	-았/었-	~~먹었자마자~~
옳다	~~옳자마자~~	벌겋다	~~벌겋자마자~~	-겠-	~~잡겠자마자~~
잃다	잃자마자	하얗다	~~하얗자마자~~		

의미와 용법

(동사에 붙어) 앞 절의 동작이 이루어진 후, 바로 뒤이어 다음 절의 사건
이나 동작이 일어남을 나타낸다.

　　택시를 타자마자 출발했어요.
　　피곤해서 침대에 눕자마자 잠이 들었어요.

활용 및 발음

※ '-자마자'는 동사 어간과 주로 결합한다.
※ '-자마자'는 '-었-'이나 '-겠'과는 결합할 수 없으며 '-(으)시-'와는 결
　 합할 수 있다.
※ '-자마자'의 두음 'ㄷ'은 'ㄱ, ㄴ, ㄲ, ㄷ, ㅁ, ㅂ, ㅅ, ㅆ, ㅈ, ㅊ, ㅌ, ㅍ'
　 으로 끝나는 어간과 결합하면 된소리가 된다. 예: 막자마자[막짜마자],
　 닦자마자[닥짜마자], 안자마자[안ː짜마자], 받자마자[받짜마자], 담자마
　 자[담ː짜마자], 잡자마자[잡짜마자], 빼앗자마자[빼안짜마자], 가만있자
　 마자[가마닏짜마자], 찾자마자[찯짜마자], 쫓자마자[쫀짜마자], 맡자마
　 자[맏짜마자], 갚자마자[갑짜마자]
※ '-자마자'의 두음 'ㄷ'은 'ㅎ' 또는 'ㅀ'으로 끝나는 어간과 결합하면
　 'ㅎ'과 축약이 된다. 예: 놓자마자[노차마자], 앓자마자[알차마자]
※ '읽자마자, 삶자마자, 밟자마자, 핥자마자, 훑자마자, 읊자마자'는 '[익짜
　 마자], [삼ː짜마자], [밥ː짜마자], [할짜마자], [훌짜마자], [읍짜마자]'로
　 발음한다.
※ '앉자마자'는 '[안짜마자]'로 발음한다.

-지만

막다	막지만	싫다	싫지만	허옇다	허옇지만
작다	작지만	담다	담지만	사다	사지만
먹다	먹지만	숨다	숨지만	비싸다	비싸지만
적다	적지만	검다	검지만	좋아하다	좋아하지만
닦다	닦지만	잡다	잡지만	착하다	착하지만
묶다	묶지만	좁다	좁지만	보내다	보내지만
안다	안지만	입다	입지만	서다	서지만
신다	신지만	돕다	돕지만	메다	메지만
앉다	앉지만	곱다	곱지만	세다	세지만
얹다	얹지만	가깝다	가깝지만	펴다	펴지만
않다	않지만	줍다	줍지만	보다	보지만
많다	많지만	없다	없지만	되다	되지만
끊다	끊지만	빼앗다	빼앗지만	고되다	고되지만
받다	받지만	웃다	웃지만	주다	주지만
곧다	곧지만	낫다	낫지만	쉬다	쉬지만
얻다	얻지만	낫다	낫지만	꿰다	꿰지만
깨닫다	깨닫지만	짓다	짓지만	모으다	모으지만
듣다	듣지만	가만있다	가만있지만	아프다	아프지만
살다	살지만	재미있다	재미있지만	쓰다	쓰지만
달다	달지만	찾다	찾지만	크다	크지만
달다	달지만	낮다	낮지만	고르다	고르지만
만들다	만들지만	잊다	잊지만	바르다	바르지만
길다	길지만	늦다	늦지만	부르다	부르지만
밝다	밝지만	쫓다	쫓지만	게으르다	게으르지만
밝다	밝지만	맡다	맡지만	이르다	이르지만
읽다	읽지만	같다	같지만	푸르다	푸르지만
붉다	붉지만	붙다	붙지만	띄다	띄지만
삶다	삶지만	짙다	짙지만	희다	희지만
굶다	굶지만	갚다	갚지만	기다리다	기다리지만
젊다	젊지만	높다	높지만	느리다	느리지만
밟다	밟지만	짚다	짚지만	이다	이지만
넓다	넓지만	깊다	깊지만	아니다	아니지만
핥다	핥지만	놓다	놓지만		
훑다	훑지만	좋다	좋지만	-(으)시-	잡으시지만

읊다	읊지만	넣다	넣지만	-았/었-	잡았지만
앓다	앓지만	빨갛다	빨갛지만	-았/었-	먹었지만
옳다	옳지만	벌겋다	벌겋지만	-겠-	잡겠지만
잃다	잃지만	하얗다	하얗지만		

의미와 용법

앞 절과 뒤 절이 서로 반대되는 내용임을 나타낸다. 앞 절에서 어떤 사실을 말하고 뒤 절에서 그와 반대되는 사실이나 다른 내용을 연결하여 말할 때 사용한다.

저는 한국 가요를 자주 듣지만 제 동생은 팝송을 자주 들어요.

아내는 매운 음식을 좋아하지만 저는 매운 음식을 안 좋아합니다.

새로 이사한 집은 작지만 아주 깨끗해요.

활용 및 발음

※ '-지만'의 두음 'ㅈ'은 'ㄱ, ㄴ, ㄲ, ㄷ, ㅁ, ㅂ, ㅅ, ㅆ, ㅈ, ㅊ, ㅌ, ㅍ'으로 끝나는 어간과 결합하면 된소리가 된다. 예: 막지만[막찌만], 닦지만[닥찌만], 안지만[안:찌만], 받지만[받찌만], 담지만[담:찌만], 잡지만[잡찌만], 빼앗지만[빼앋찌만], 가만있지만[가마닏찌만], 찾지만[찯찌만], 쫓지만[쫃찌만], 맡지만[맏찌만], 갚지만[갑찌만]

※ '-지만'의 두음 'ㅈ'은 'ㅎ' 또는 'ㅀ'으로 끝나는 어간과 결합하면 'ㅎ'과 축약이 된다. 예: 놓지만[노치만], 앓지만[알치만]

※ '읽지만, 삶지만, 밟지만, 넓지만, 핥지만, 훑지만, 읊지만'은 '[익찌만], [삼:찌만], [밥:찌만], [널찌만], [할찌만], [훌찌만], [읍찌만]'으로 발음한다.

※ '앉지만'은 '[안찌만]'으로 발음한다.

-ㄴ/는다거나/-다거나

막다	막는다거나	싫다	싫다거나	허옇다	허옇다거나
작다	작다거나	담다	담는다거나	사다	산다거나
먹다	먹는다거나	숨다	숨는다거나	비싸다	비싸다거나
적다	적다거나	검다	검다거나	좋아하다	좋아한다거나
닦다	닦는다거나	잡다	잡는다거나	착하다	착하다거나
묶다	묶는다거나	좁다	좁다거나	보내다	보낸다거나
안다	안는다거나	입다	입는다거나	서다	선다거나
신다	신는다거나	돕다	돕는다거나	메다	멘다거나
앉다	앉는다거나	곱다	곱다거나	세다	세다거나
얹다	얹는다거나	가깝다	가깝다거나	펴다	편다거나
않다	않는다거나	줍다	줍는다거나	보다	본다거나
많다	많다거나	없다	없다거나	되다	된다거나
끊다	끊는다거나	빼앗다	빼앗는다거나	고되다	고되다거나
받다	받는다거나	웃다	웃다거나	주다	준다거나
곧다	곧다거나	낫다	낫는다거나	쉬다	쉰다거나
얻다	얻는다거나	낮다	낮다거나	꿰다	꿴다거나
깨닫다	깨닫는다거나	짓다	짓는다거나	모으다	모은다거나
듣다	듣는다거나	가만있다	가만있는다거나	아프다	아프다거나
살다	산다거나	재미있다	재미있다거나	쓰다	쓴다거나
달다	단다거나	찾다	찾는다거나	크다	크다거나
달다	달다거나	낮다	낮다거나	고르다	고른다거나
만들다	만든다거나	잊다	잊는다거나	바르다	바르다거나
길다	길다거나	늦다	늦다거나	부르다	부른다거나
밝다	밝는다거나	쫓다	쫓는다거나	게으르다	게으르다거나
밝다	밝다거나	맡다	맡는다거나	이르다	이른다거나
읽다	읽는다거나	같다	같다거나	푸르다	푸르다거나
붉다	붉다거나	붙다	붙는다거나	띠다	띤다거나
삶다	삶는다거나	짙다	짙다거나	희다	희다거나
굶다	굶는다거나	갚다	갚는다거나	기다리다	기다린다거나
젊다	젊다거나	높다	높다거나	느리다	느리다거나
밟다	밟는다거나	짚다	짚는다거나	이다	이라거나
넓다	넓다거나	깊다	깊다거나	아니다	아니라거나
핥다	핥는다거나	놓다	놓는다거나		
훑다	훑는다거나	좋다	좋다거나	-(으)시-	잡으신다거나

읊다	읊는다거나	넣다	넣는다거나	-(으)시-	아프시다거나
앓다	앓는다거나	빨갛다	빨갛다거나	-았/었-	막았다거나
옳다	옳다거나	벌겋다	벌겋다거나	-았/었-	먹었다거나
잃다	잃는다거나	하얗다	하얗다거나	-겠-	먹었겠다거나

의미와 용법

(동사, 형용사, '이다, 아니다'에 붙어) 두 가지 이상의 사실을 나열하는
데에 사용한다.

 평소에는 식당에서 밥을 사 먹는다거나 간단히 샌드위치를 사 먹는
 다거나 하면서 점심을 해결해요.
 명절에는 가족과 여행을 한다거나 친척을 만나러 간다거나 해요.
 범인은 자신은 절대 범인이 아니라거나 선량한 시민일 뿐이라거나
 하는 말을 떠들어 댔다.

활용 및 발음

※ 동사 어간은 '-ㄴ/는다거나'와 결합하고 형용사 어간은 '-다'와 결합한
 다. 예. 막다-막는다거나, 가다-간다거나, 작다-작다거나
※ 동사 어간 가운데 자음으로 끝나는 어간은 '-는다거나'와 결합하고 모
 음으로 끝나는 어간은 '-ㄴ다거나'와 결합한다. 'ㄹ'로 끝나는 어간은
 'ㄹ'을 탈락시키고 '-ㄴ다거나'와 결합한다. 예. 막다-막는다거나, 가다
 -간다거나, 살다-산다거나
※ '막는다거나, 밝는다거나, 닦는다거나, 읽는다거나'는 '[망는다거나],'
 [방는다거나], [당는다거나], [잉는다거나]'와 같이 발음한다.
※ '앓는다거나, 받는다거나, 짓는다거나, 가만있는다거나, 잊는다거나,
 쫓는다거나, 믿는다거나, 넣는다거나'는 '[안는다거나], [반는다거나],
 [진는다거나], [가만닌는다거나], [인는다거나], [민는다거나], [넌는다
 거나]와 같이 발음한다.
※ '집는다거나, 갚는다거나, 읊는다거나'는 '[짐는다거나], [감는다거나],
 [음는다거나]'와 같이 발음한다.
※ '밟는다거나, 핥는다거나, 잃는다거나'는 '[밤:는다거나], [할른다거나],
 [일른다거나]'와 같이 발음한다.
※ '붉다거나, 젊다거나, 짧다거나, 넓다거나'는 '[북따거나], [점따거나],

[짤따거나], [널따거나]'와 같이 발음한다.
※ '많다거나, 옳다거나, 싫다거나, 하얗다거나'는 '[만타거나], [올타거나], [실타거나], [하야타거나]'와 같이 발음한다.
※ '없다거나'는 '[업:따거나]'로 발음한다.
※ '이다, 아니다'는 '이라거나, 아니라거나'로 활용한다.

-ㄴ/는다고/-다고

막다	막는다고	싫다	싫다고	허옇다	허옇다고
작다	작다고	담다	담는다고	사다	산다고
먹다	먹는다고	숨다	숨는다고	비싸다	비싸다고
적다	적다고	검다	검다고	좋아하다	좋아한다고
닦다	닦는다고	잡다	잡는다고	착하다	착하다고
묶다	묶는다고	좁다	좁다고	보내다	보낸다고
안다	안는다고	입다	입는다고	서다	선다고
신다	신는다고	돕다	돕는다고	메다	멘다고
앉다	앉는다고	곱다	곱다고	세다	세다고
얹다	얹는다고	가깝다	가깝다고	펴다	편다고
않다	않는다고	줍다	줍는다고	보다	본다고
많다	많다고	없다	없다고	되다	된다고
끊다	끊는다고	빼앗다	빼앗는다고	고되다	고되다고
받다	받는다고	웃다	웃다고	주다	준다고
곧다	곧다고	낫다	낫는다고	쉬다	쉰다고
얻다	얻는다고	낮다	낮다고	꿰다	꿴다고
깨닫다	깨닫는다고	짓다	짓는다고	모으다	모은다고
듣다	듣는다고	가만있다	가만있는다고	아프다	아프다고
살다	산다고	재미있다	재미있다고	쓰다	쓴다고
달다	단다고	찾다	찾는다고	크다	크다고
달다	달다고	낮다	낮다고	고르다	고른다고
만들다	만든다고	잇다	잇는다고	바르다	바르다고
길다	길다고	늦다	늦다고	부르다	부른다고
밝다	밝는다고	쫓다	쫓는다고	게으르다	게으르다고
밝다	밝다고	맡다	맡는다고	이르다	이른다고
읽다	읽는다고	같다	같다고	푸르다	푸르다고
붉다	붉다고	붙다	붙는다고	띄다	띈다고
삶다	삶는다고	짙다	짙다고	희다	희다고
굵다	굵는다고	갚다	갚는다고	기다리다	기다린다고
젊다	젊다고	높다	높다고	느리다	느리다고
밟다	밟는다고	짚다	짚는다고	이다	이라고
넓다	넓다고	깊다	깊다고	아니다	아니라고
핥다	핥는다고	놓다	놓는다고		
훑다	훑는다고	좋다	좋다고	-(으)시-	잡으신다고

읊다	읊는다고	넣다	넣는다고	-(으)시-	아프시다고
앓다	앓는다고	빨갛다	빨갛다고	-았/었-	막았다고
옳다	옳다고	벌겋다	벌겋다고	-았/었-	먹었다고
잃다	잃는다고	하얗다	하얗다고	-겠-	먹었겠다고

의미와 용법

앞 절이 뒤 절에 대해서 어떤 상황의 이유, 근거, 원인을 나타내거나 어떤 행위의 목적, 의도를 나타내는 데 쓴다.

준이는 과제를 한다고 늦은 밤인데도 환히 불을 켰다.
선미는 덥다고 아이스크림을 먹자고 했다.

활용 및 발음

※ 동사 어간은 '-ㄴ/는다고'와 결합하고 형용사 어간은 '-다'와 결합한다. 예. 막다-막는다고, 가다-간다고, 작다-작다고
※ 동사 어간 가운데 자음으로 끝나는 어간은 '-는다고'와 결합하고 모음으로 끝나는 어간은 '-ㄴ다고'와 결합한다. 'ㄹ'로 끝나는 어간은 'ㄹ'을 탈락시키고 '-ㄴ다고'와 결합한다. 예. 막다-막는다고, 가다-간다고, 살다-산다고
※ '막는다고, 밝는다고, 닦는다고, 읽는다고'는 '[망는다고], [방는다고], [당는다고], [잉는다고]'와 같이 발음한다.
※ '앓는다고, 받는다고, 짓는다고, 가만있는다고, 잊는다고, 쫓는다고, 믿는다고, 넣는다고'는 '[안는다고], [반는다고], [진는다고], [가마닌는다고], [인는다고], [민는다고], [넌는다고]와 같이 발음한다.
※ '집는다고, 갚는다고, 읊는다고'는 '[짐는다고], [감는다고], [음는다고]'와 같이 발음한다.
※ '밟는다고, 핥는다고, 잃는다고'는 '[밤:는다고], [할른다고], [일른다고]'와 같이 발음한다.
※ '붉다고, 젊다고, 짧다고, 넓다고'는 '[북따고], [점따고], [짤따고], [널따고]'와 같이 발음한다.
※ '많다고, 옳다고, 싫다고, 하얗다고'는 '[만타고], [올타고], [실타고], [하야타고]'와 같이 발음한다.
※ '없다고'는 '[업:따고]'로 발음한다.
※ '이다, 아니다'는 '이라고, 아니라고'로 활용한다.

- ㄴ/는다면/-다면

막다	막는다면	싫다	싫다면	허옇다	허옇다면
작다	작다면	담다	담는다면	사다	산다면
먹다	먹는다면	숨다	숨는다면	비싸다	비싸다면
적다	적다면	검다	검다면	좋아하다	좋아한다면
닦다	닦는다면	잡다	잡는다면	착하다	착하다면
묶다	묶는다면	좁다	좁다면	보내다	보낸다면
안다	안는다면	입다	입는다면	서다	선다면
신다	신는다면	돕다	돕는다면	메다	멘다면
앉다	앉는다면	곱다	곱다면	세다	세다면
얹다	얹는다면	가깝다	가깝다면	펴다	편다면
않다	않는다면	줍다	줍는다면	보다	본다면
많다	많다면	없다	없다면	되다	된다면
끓다	끓는다면	빼앗다	빼앗는다면	고되다	고되다면
받다	받는다면	웃다	웃다면	주다	준다면
곧다	곧다면	낫다	낫는다면	쉬다	쉰다면
얻다	얻는다면	낮다	낮다면	꿰다	꿴다면
깨닫다	깨닫는다면	짓다	짓는다면	모으다	모은다면
듣다	듣는다면	가만있다	가만있는다면	아프다	아프다면
살다	산다면	재미있다	재미있다면	쓰다	쓴다면
달다	단다면	찾다	찾는다면	크다	크다면
달다	달다면	낮다	낮다면	고르다	고른다면
만들다	만든다면	잊다	잊는다면	바르다	바르다면
길다	길다면	늦다	늦다면	부르다	부른다면
밝다	밝는다면	쫓다	쫓는다면	게으르다	게으르다면
밝다	밝다면	맡다	맡는다면	이르다	이른다면
읽다	읽는다면	같다	같다면	푸르다	푸르다면
붉다	붉다면	붙다	붙는다면	띠다	띤다면
삶다	삶는다면	짙다	짙다면	희다	희다면
굶다	굶는다면	갚다	갚는다면	기다리다	기다린다면
젊다	젊다면	높다	높다면	느리다	느리다면
밟다	밟는다면	짚다	짚는다면	이다	이라면
넓다	넓다면	깊다	깊다면	아니다	아니라면
핥다	핥는다면	놓다	놓는다면		
훑다	훑는다면	좋다	좋다면	-(으)시-	잡으신다면
읊다	읊는다면	넣다	넣는다면	-(으)시-	아프시다면
앓다	앓는다면	빨갛다	빨갛다면	-았/었-	막았다면
옳다	옳다면	벌겋다	벌겋다면	-았/었-	먹었다면

잃다	잃는다면	하얗다	하얗다면	-겠-	먹었겠다면

의미와 용법

어떤 상황을 가정한다는 뜻으로, 그 조건에 따라 다른 어떤 행위나 사건이 발생함을 나타낼 때 사용한다.

> 이 비밀을 지켜준다면 그 은혜를 절대 잊지 않겠습니다.
> 내가 요리를 잘한다면 좋을 텐데.
> 준이가 아버지 사업을 물려받기 싫다면 어쩌죠?
> 미쓰코 씨도 먹겠다면 치킨을 두 마리 시킬게요.

활용 및 발음

※ 동사 어간은 '-ㄴ/는다면'와 결합하고 형용사 어간은 '-다'와 결합한다.
예. 막다-막는다면, 가다-간다면, 작다-작다면

※ 동사 어간 가운데 자음으로 끝나는 어간은 '-는다면'와 결합하고 모음으로 끝나는 어간은 '-ㄴ다면'와 결합한다. 'ㄹ'로 끝나는 어간은 'ㄹ'을 탈락시키고 '-ㄴ다면'와 결합한다. 예. 막다-막는다면, 가다-간다면, 살다-산다면

※ '막는다면, 밝는다면, 닦는다면, 읽는다면'는 '[망는다면], [방는다면], [당는다면], [잉는다면]'와 같이 발음한다.

※ '않는다면, 받는다면, 짓는다면, 가만있는다면, 잊는다면, 쫓는다면, 밑는다면, 넣는다면'는 '[안는다면], [반는다면], [진는다면], [가마닌는다면], [인는다면], [민는다면], [넌는다면]와 같이 발음한다.

※ '집는다면, 갚는다면, 읊는다면'는 '[짐는다면], [감는다면], [음는다면]'와 같이 발음한다.

※ '밟는다면, 핥는다면, 잃는다면'는 '[밤:는다면], [할른다면], [일른다면]'와 같이 발음한다.

※ '붉다면, 젊다면, 짧다면, 넓다면'은 '[북따면], [점따면], [짤따면], [널따면]'과 같이 발음한다.

※ '많다면, 옳다면, 싫다면, 하얗다면'은 '[만타면], [올타면], [실타면], [하야타면]'과 같이 발음한다.

※ '없다면'은 '[업:따면]'으로 발음한다.

※ '이다, 아니다'는 '이라면, 아니라면'으로 활용한다.

-는데/-(으)ㄴ데

막다	막는데	싫다	싫은데	허옇다	허연데
작다	작은데	담다	담는데	사다	사는데
먹다	먹는데	숨다	숨는데	비싸다	비싼데
적다	적은데	검다	검은데	좋아하다	좋아하는데
닦다	닦는데	잡다	잡는데	착하다	착한데
묶다	묶는데	좁다	좁은데	보내다	보내는데
안다	안는데	입다	입는데	서다	서는데
신다	신는데	돕다	돕는데	메다	메는데
앉다	앉는데	곱다	고운데	세다	센데
없다	없는데	가깝다	가까운데	펴다	펴는데
않다	않는데	줍다	줍는데	보다	보는데
많다	많은데	없다	없는데	되다	되는데
끊다	끊는데	빼앗다	빼앗는데	고되다	고된데
받다	받는데	웃다	웃는데	주다	주는데
곧다	곧은데	낫다	낫는데	쉬다	쉬는데
얻다	얻는데	낫다	나은데	꿰다	꿰는데
깨닫다	깨닫는데	짓다	짓는데	모으다	모으는데
듣다	듣는데	가만있다	가만있는데	아프다	아픈데
살다	사는데	재미있다	재미있는데	쓰다	쓰는데
달다	다는데	찾다	찾는데	크다	큰데
달다	단데	낮다	낮은데	고르다	고르는데
만들다	만드는데	잊다	잊는데	바르다	바르는데
길다	긴데	늦다	늦은데	부르다	부르는데
밝다	밝는데	쫓다	쫓는데	게으르다	게으른데
밝다	밝은데	맡다	맡는데	이르다	이르는데
읽다	읽는데	같다	같은데	푸르다	푸른데
붉다	붉은데	붙다	붙는데	띄다	띄는데
삶다	삶는데	짙다	짙은데	희다	흰데
굵다	굵는데	갚다	갚는데	기다리다	기다리는데
젊다	젊은데	높다	높은데	느리다	느린데
밟다	밟는데	짚다	짚는데	이다	인데
넓다	넓은데	깊다	깊은데	아니다	아닌데
핥다	핥는데	놓다	놓는데		
훑다	훑는데	좋다	좋은데	-(으)시-	잡으시는데

읊다	읊는데	넣다	넣는데	-(으)시-	아프신데
앓다	앓는데	빨갛다	빨간데	-았/었-	막았는데
옳다	옳은데	벌겋다	벌건데	-았/었-	먹었는데
잃다	잃는데	하얗다	하얀데	-겠-	먹었겠는데

의미와 용법

뒤 절의 사실에 대해 앞 절이 배경이 되거나 관련이 있는 상황으로 제시됨을 나타낸다. 뒤 절에서 서술하거나 질문하거나 시키거나 제안하기에 앞서서 관련 배경이나 상황을 설명할 때 주로 사용한다.

저는 요즘 중국어를 배우는데 정말 어려워요.

더운데 창문을 좀 열까요?

활용 및 발음

※ 동사 어간은 '-는데'와 결합하고 형용사 어간은 '-(으)ㄴ데'와 결합한다. 예. 막다-막는데, 가다-가는데, 작다-작은데, 크다-큰데
※ 'ㄹ'로 끝나는 동사 어간은 'ㄹ'을 탈락시킨다. 예. 살다-사는데
※ 형용사 어간이 자음으로 끝나면 '-은데'와 결합하고 모음으로 끝나면 '-ㄴ데'와 결합한다. 예. 작다-작은데, 크다-큰데
※ 'ㄹ'로 끝나는 형용사 어간은 'ㄹ'을 탈락시키고 '-ㄴ데'와 결합한다. 예. 길다-긴데,
※ '막는데, 밝는데, 닦는데, 읽는데'는 '[망는데],'[방는데], [당는데], [잉는데]'와 같이 발음한다.
※ '앉는데, 받는데, 짓는데, 가만있는데, 잊는데, 쫓는데, 믿는데, 넣는데'는 '[안는데], [반는데], [진는데], [가마닌는데], [인는데], [쫀는데], [민는데], [넌는데]와 같이 발음한다.
※ '집는데, 갚는데, 읊는데'는 '[짐는데], [감는데], [음는데]'와 같이 발음한다.
※ '밟는데, 핥는데, 잃는데'는 '[밤ː는데], [할른데], [일른데]'와 같이 발음한다.
※ '없다'는 형용사이지만 '없는데'와 같이 활용한다.
※ '이다'는 형용사와 같이 '-인데'와 같이 활용한다.

2

매개모음어미

매개모음 어미는 동사나 형용사의 어간이 자음으로 끝나면 '으'가 나타나고 모음이나 'ㄹ'로 끝나면 '으'가 나타나지 않는 어미를 가리킨다. 예를 들어 '-(으)나'는 '막다'의 어간 '막-'과 결합하면 '막으나'로 나타나고 '가다'의 어간 '가-'와 결합하면 '가나'로 나타난다. '달다'의 어간 '달-'과 결합하면 '다나'가 된다. 매개모음 어미는 다음과 같다.

-(으)나, (으)니, (으)니까, (으)ㄹ래야, -(으)러, -(으)려고, -(으)면, -(으)면서, -(으)므로

-(으)나

막다	막으나	싫다	싫으나	허옇다	허여나
작다	작으나	담다	담으나	사다	사나
먹다	먹으나	숨다	숨으나	비싸다	비싸나
적다	적으나	검다	검으나	좋아하다	좋아하나
닦다	닦으나	잡다	잡으나	착하다	착하나
묶다	묶으나	좁다	좁으나	보내다	보내나
안다	안으나	입다	입으나	서다	서나
신다	신으나	돕다	도우나	메다	메나
앉다	앉으나	곱다	고우나	세다	세나
얹다	얹으나	가깝다	가까우나	펴다	펴나
않다	않으나	줍다	주우나	보다	보나
많다	많으나	없다	없으나	되다	되나
끊다	끊으나	빼앗다	빼앗으나	고되다	고되나
받다	받으나	웃다	웃으나	주다	주나
곧다	곧으나	낫다	나으나	쉬다	쉬나
얻다	얻으나	낫다	나으나	꿰다	꿰나
깨닫다	깨달으나	짓다	지으나	모으다	모으나
듣다	들으나	가만있다	가만있으나	아프다	아프나
살다	사나	재미있다	재미있으나	쓰다	쓰나
달다	다나	찾다	찾으나	크다	크나
달다	다나	낮다	낮으나	고르다	고르나
만들다	만드나	잊다	잊으나	바르다	바르나
길다	기나	늦다	늦으나	부르다	부르나
밝다	밝으나	쫓다	쫓으나	게으르다	게으르나
밝다	밝으나	맡다	맡으나	이르다	이르나
읽다	읽으나	같다	같으나	푸르다	푸르나
붉다	붉으나	붙다	붙으나	띄다	띄나
삶다	삶으나	짙다	짙으나	희다	희나
굶다	굶으나	갚다	갚으나	기다리다	기다리나
젊다	젊으나	높다	높으나	느리다	느리나
밟다	밟으나	짚다	짚으나	이다	이나
넓다	넓으나	깊다	깊으나	아니다	아니나
핥다	핥으나	놓다	놓으나		
훑다	훑으나	좋다	좋으나	-(으)시-	잡으시나

읊다	읊으나	넣다	넣으나	-았/었-	잡았으나
앓다	앓으나	빨갛다	빨가나	-았/었-	읽었으나
옳다	옳으나	벌겋다	벌거나	-겠-	잡겠으나
잃다	잃으나	하얗다	하야나		

의미와 용법

앞 절의 내용과 반대되는 내용을 뒤 절에서 말할 때 사용한다. 주로 문어에서 더 많이 쓴다.

어제는 날씨가 맑았으나 오늘은 날씨가 흐리다.

여자 친구는 직장인이나 저는 아직 학생입니다.

활용 및 발음

※ 자음으로 끝나는 어간에는 '-으나'가 결합하고 모음으로 끝나는 어간에는 '-나'가 결합한다. 예. 막다-막으나, 적다-적으나, 가다-가나, 크다-크나

※ 'ㄹ'로 끝나는 어간은 'ㄹ'을 탈락시키고 '-나'를 결합한다. 예. 살다-사나, 길다-기나

-(으)니

막다	막으니	싫다	싫으니	허옇다	허여니
작다	작으니	담다	담으니	사다	사니
먹다	먹으니	숨다	숨으니	비싸다	비싸니
적다	적으니	검다	검으니	좋아하다	좋아하니
닦다	닦으니	잡다	잡으니	착하다	착하니
묶다	묶으니	좁다	좁으니	보내다	보내니
안다	안으니	입다	입으니	서다	서니
신다	신으니	돕다	도우니	메다	메니
앉다	앉으니	곱다	고우니	세다	세니
얹다	얹으니	가깝다	가까우니	펴다	펴니
않다	않으니	줍다	주우니	보다	보니
많다	많으니	없다	없으니	되다	되니
끊다	끊으니	빼앗다	빼앗으니	고되다	고되니
받다	받으니	웃다	웃으니	주다	주니
곧다	곧으니	낫다	나으니	쉬다	쉬니
얻다	얻으니	낫다	나으니	꿰다	꿰니
깨닫다	깨달으니	짓다	지으니	모으다	모으니
듣다	들으니	가만있다	가만있으니	아프다	아프니
살다	사니	재미있다	재미있으니	쓰다	쓰니
달다	다니	찾다	찾으니	크다	크니
달다	다니	낮다	낮으니	고르다	고르니
만들다	만드니	잊다	잊으니	바르다	바르니
길다	기니	늦다	늦으니	부르다	부르니
밝다	밝으니	쫓다	쫓으니	게으르다	게으르니
밝다	밝으니	맡다	맡으니	이르다	이르니
읽다	읽으니	같다	같으니	푸르다	푸르니
붉다	붉으니	붙다	붙으니	띄다	띄니
삶다	삶으니	짙다	짙으니	희다	희니
굶다	굶으니	갚다	갚으니	기다리다	기다리니
젊다	젊으니	높다	높으니	느리다	느리니
밟다	밟으니	짚다	짚으니	이다	이니
넓다	넓으니	깊다	깊으니	아니다	아니니
핥다	핥으니	놓다	놓으니		
훑다	훑으니	좋다	좋으니	-(으)시-	잡으시니

읊다	읊으니	넣다	넣으니	-았/었-	잡았으니
않다	않으니	빨갛다	빨가니	-았/었-	읽었으니
옳다	옳으니	벌겋다	벌거니	-겠-	잡겠으니
잃다	잃으니	하얗다	하야니		

의미와 용법

1) 앞 절의 내용이 뒤 절의 내용에 대한 이유나 원인, 판단의 근거임을 나타낸다. 앞 절에 나타난 이유나 원인으로 인해 뒤 절에 그에 따른 결과나 판단이 나오게 될 때 사용한다.

   11월이 되니 기온이 많이 떨어졌다.

   그 영화는 재미없으니 보지 않는 것이 좋겠다.

2) (동사에 붙어) 앞 절의 내용이 진행된 결과 뒤 절의 내용처럼 되거나 그런 일이 일어남을 나타낸다. 즉 앞 절의 행위 후에 뒤 절에서 새롭게 알게 된 내용이 나올 때 사용한다.

   집에 늦게 들어오니 모두들 자고 있었다.

   요리를 배워 보니 정말 재미있어요.

3) 앞 절의 내용을 뒤 절에서 부가적인 설명을 덧붙일 때 사용한다.

   그는 다른 사람보다 더 잘 먹었으니 한 끼에 3인분은 보통이었다.

   저녁마다 가는 곳이 있으니 그곳은 작은 자원봉사 단체였다.

활용 및 발음

※ 자음으로 끝나는 어간에는 '-으니'가 결합하고 모음으로 끝나는 어간에는 '-니'가 결합한다. 예. 막다-막으니, 적다-적으니, 가다-가니, 크다-크니

※ '르'로 끝나는 어간은 '르'을 탈락시키고 '-니'를 결합한다. 예. 살다-사니, 길다-기니

-(으)니까

막다	막으니까	싫다	싫으니까	허옇다	허여니까
작다	작으니까	담다	담으니까	사다	사니까
먹다	먹으니까	숨다	숨으니까	비싸다	비싸니까
적다	적으니까	검다	검으니까	좋아하다	좋아하니까
닦다	닦으니까	잡다	잡으니까	착하다	착하니까
묶다	묶으니까	좁다	좁으니까	보내다	보내니까
안다	안으니까	입다	입으니까	서다	서니까
신다	신으니까	돕다	도우니까	메다	메니까
앉다	앉으니까	곱다	고우니까	세다	세니까
얹다	얹으니까	가깝다	가까우니까	펴다	펴니까
않다	않으니까	줍다	주우니까	보다	보니까
많다	많으니까	없다	없으니까	되다	되니까
끊다	끊으니까	빼앗다	빼앗으니까	고되다	고되니까
받다	받으니까	웃다	웃으니까	주다	주니까
곧다	곧으니까	낫다	나으니까	쉬다	쉬니까
얻다	얻으니까	낫다	나으니까	꿰다	꿰니까
깨닫다	깨달으니까	짓다	지으니까	모으다	모으니까
듣다	들으니까	가만있다	가만있으니까	아프다	아프니까
살다	사니까	재미있다	재미있으니까	쓰다	쓰니까
달다	다니까	찾다	찾으니까	크다	크니까
달다	다니까	낮다	낮으니까	고르다	고르니까
만들다	만드니까	잇다	잇으니까	바르다	바르니까
길다	기니까	늦다	늦으니까	부르다	부르니까
밝다	밝으니까	쫓다	쫓으니까	게으르다	게으르니까
밝다	밝으니까	맡다	맡으니까	이르다	이르니까
읽다	읽으니까	같다	같으니까	푸르다	푸르니까
붉다	붉으니까	붙다	붙으니까	띄다	띄니까
삶다	삶으니까	짙다	짙으니까	희다	희니까
굶다	굶으니까	갚다	갚으니까	기다리다	기다리니까
젊다	젊으니까	높다	높으니까	느리다	느리니까
밟다	밟으니까	짚다	짚으니까	이다	이니까
넓다	넓으니까	깊다	깊으니까	아니까다	아니니까
핥다	핥으니까	놓다	놓으니까		
훑다	훑으니까	좋다	좋으니까	-(으)시-	잡으시니까

읊다	읊으니까	넣다	넣으니까	-았/었-	잡았으니까
앓다	앓으니까	빨갛다	빨가니까	-았/었-	읽었으니까
옳다	옳으니까	벌겋다	벌거니까	-겠-	잡겠으니까
잃다	잃으니까	하얗다	하야니까		

의미와 용법

1) 앞 절이 뒤 절에 대한 이유나 원인, 판단의 근거임을 나타낸다. 앞 절
   에 나타난 이유나 원인으로 인해 뒤 절에 그에 따른 결과나 판단이
   나오게 될 때 사용한다.

   방 안이 환하니까 잠을 잘 수 없어요.

   30분 전에 출발했으니까 금방 도착할 거예요.

2) (동사에 붙어) 앞 절의 내용이 진행된 결과 뒤 절의 내용처럼 되거나
   그런 일이 일어남을 나타낸다. 앞의 행동을 함으로 뒤의 사실을 발견
   하게 될 때 사용한다.

   1시간 정도 기다리니까 주문한 치킨이 왔어요.

   창문을 여니까 벌레가 들어왔어요.

활용 및 발음

※ 자음으로 끝나는 어간에는 '-으니까'가 결합하고 모음으로 끝나는 어
  간에는 '-니까'가 결합한다. 예. 막다-막으니까, 적다-적으니까, 가다-
  가니까, 크다-크니까

※ '르'로 끝나는 어간은 'ㄹ'을 탈락시키고 '-니까'를 결합한다. 예. 살다-
  사니까, 길다-기니까

-(으)ㄹ래야

막다	막을래야	싫다	~~싫을래야~~	허옇다	~~허열래야~~
작다	~~작을래야~~	담다	담을래야	사다	살래야
먹다	먹을래야	숨다	숨을래야	비싸다	~~비쌀래야~~
적다	~~적을래야~~	검다	~~검을래야~~	좋아하다	좋아할래야
닦다	닦을래야	잡다	잡을래야	착하다	~~착할래야~~
묶다	묶을래야	좁다	~~좁을래야~~	보내다	보낼래야
안다	안을래야	입다	입을래야	서다	설래야
신다	신을래야	돕다	도울래야	메다	멜래야
앉다	앉을래야	곱다	~~고울래야~~	세다	~~셀래야~~
얹다	얹을래야	가깝다	~~카까울래야~~	펴다	펼래야
않다	않을래야	줍다	주울래야	보다	볼래야
많다	~~많을래야~~	없다	~~없을래야~~	되다	될래야
끊다	끊을래야	빼앗다	빼앗을래야	고되다	~~고될래야~~
받다	받을래야	웃다	웃을래야	주다	줄래야
곧다	~~곧을래야~~	낫다	나을래야	쉬다	쉴래야
얻다	얻을래야	낫다	~~나을래야~~	꿰다	꿸래야
깨닫다	깨달을래야	짓다	지을래야	모으다	모을래야
듣다	들을래야	가만있다	가만있을래야	아프다	~~아플래야~~
살다	살래야	재미있다	~~재미있을래야~~	쓰다	쓸래야
달다	달래야	찾다	찾을래야	크다	~~클래야~~
달다	~~달래야~~	낫다	~~낫을래야~~	고르다	고를래야
만들다	만들래야	잇다	잇을래야	바르다	~~바를래야~~
길다	~~길래야~~	늦다	~~늦을래야~~	부르다	부를래야
밝다	~~밝을래야~~	쫓다	쫓을래야	게으르다	~~게으를래야~~
밝다	~~밝을래야~~	맡다	맡을래야	이르다	이를래야
읽다	읽을래야	같다	~~같을래야~~	푸르다	~~푸를래야~~
붉다	~~붉을래야~~	붙다	붙을래야	띠다	띨래야
삶다	삶을래야	짙다	~~짙을래야~~	희다	~~흴래야~~
굶다	굶을래야	갚다	갚을래야	기다리다	기다릴래야
젊다	~~젊을래야~~	높다	~~높을래야~~	느리다	~~느릴래야~~
밟다	밟을래야	짚다	짚을래야	이다	~~일래야~~
넓다	~~넓을래야~~	깊다	~~깊을래야~~	아니다	~~아닐래야~~
핥다	핥을래야	놓다	놓을래야		
훑다	훑을래야	좋다	~~좋을래야~~	-(으)시-	잡으실래야

읊다	읊을래야	넣다	넣을래야	-았/었-	~~잡았을래야~~
앓다	앓을래야	빨갛다	~~빨갈래야~~	-았/었-	~~읽었을래야~~
옳다	~~옳을래야~~	벌겋다	~~벌겔래야~~	-겠-	~~잡겠을래야~~
잃다	잃을래야	하얗다	~~하얄래야~~		

의미와 용법

(동사에 붙어) 어떤 행위를 하고자 하는 의도가 있음을 나타낸다. 어떤 의도를 가지고 어떤 행위를 하려고 아무리 노력해도 그렇게 되지 않을 때 사용한다. 주로 구어에서 사용한다.

그 사람은 하도 눈치가 빨라서 속일래야 속일 수 없어요.
여행을 갈래야 갈 돈이 있어야 말이죠.

활용 및 발음

※ '-(으)ㄹ래야'는 주로 동사 어간과 결합한다.
※ 자음으로 끝나는 어간에는 '-을래야'가 결합하고 모음으로 끝나는 어간에는 '-ㄹ래야'가 결합한다. 예. 막다-막을래야, 가다-갈래야
※ 'ㄹ'로 끝나는 어간은 'ㄹ'을 탈락시키고 '-ㄹ래야'를 결합한다. 예. 살다-살래야

-(으)러

막다	막으러	싫다	~~싫으러~~	허옇다	~~허여러~~
작다	~~작으러~~	담다	담으러	사다	사러
먹다	먹으러	숨다	숨으러	비싸다	~~비싸러~~
적다	~~적으러~~	검다	~~검으러~~	좋아하다	좋아하러
닦다	닦으러	잡다	잡으러	착하다	~~착하러~~
묶다	묶으러	좁다	~~좁으러~~	보내다	보내러
안다	안으러	입다	입으러	서다	서러
신다	신으러	돕다	도우러	메다	메러
앉다	앉으러	곱다	~~고우러~~	세다	~~세러~~
얹다	얹으러	가깝다	~~가까우러~~	펴다	펴러
않다	않으러	줍다	주우러	보다	보러
많다	~~많으러~~	없다	~~없으러~~	되다	되러
끊다	끊으러	빼앗다	빼앗으러	고되다	~~고되러~~
받다	받으러	웃다	웃으러	주다	주러
곧다	~~곧으러~~	낫다	나으러	쉬다	쉬러
얻다	얻으러	낫다	~~나으러~~	꿰다	꿰러
깨닫다	깨달으러	짓다	지으러	모으다	모으러
듣다	들으러	가만있다	가만있으러	아프다	~~아프러~~
살다	살러	재미있다	~~재미있으러~~	쓰다	쓰러
달다	달러	찾다	찾으러	크다	~~크러~~
달다	~~달러~~	낮다	~~낮으러~~	고르다	고르러
만들다	만들러	잊다	잊으러	바르다	~~바르러~~
길다	길러	늦다	~~늦으러~~	부르다	부르러
밝다	~~밝으러~~	쫓다	쫓으러	게으르다	~~게으르러~~
밝다	~~밝으러~~	맡다	맡으러	이르다	이르러
읽다	읽으러	같다	~~같으러~~	푸르다	~~푸르러~~
붉다	~~붉으러~~	붙다	붙으러	띄다	띄러
삶다	삶으러	짙다	~~짙으러~~	희다	~~희러~~
굶다	굶으러	갚다	갚으러	기다리다	기다리러
젊다	~~젊으러~~	높다	~~높으러~~	느리다	느리러
밟다	밟으러	짚다	짚으러	이다	~~어라~~
넓다	~~넓으러~~	깊다	깊으러	아니다	~~아니라~~
핥다	핥으러	놓다	놓으러		
훑다	훑으러	좋다	~~좋으러~~	-(으)시-	잡으시러

읊다	읊으러	넣다	넣으러	-았/었-	~~잡았으러~~
앓다	앓으러	빨갛다	~~빨카라~~	-았/었-	~~읽었으러~~
옳다	~~옳으러~~	벌겋다	~~벌커라~~	-겠-	~~잡겠으러~~
잃다	잃으러	하얗다	~~하야라~~		

의미와 용법

뒤 절에 나오는 이동의 목적을 나타낸다. 앞 절의 행동을 하기 위해 이
동함을 나타낼 때 사용한다. 뒤 절에는 주로 이동동사가 온다.

염색을 하러 미용실에 가요.

다빈 씨는 요즘 태권도를 배우러 다녀요.

활용 및 발음

※ '-(으)러'는 행위를 나타내는 동사 어간과 주로 결합한다.

※ 자음으로 끝나는 어간에는 '-으러'가 결합하고 모음으로 끝나는 어간
에는 '-러'가 결합한다. 예. 막다-막으러, 보다-보러

※ '르'로 끝나는 어간은 '-러'와 결합한다. 예. 살다-살러

-(으)려고

막다	막으려고	싫다	~~싫으려고~~	허옇다	~~허여려고~~
작다	~~작으려고~~	담다	담으려고	사다	사려고
먹다	먹으려고	숨다	숨으려고	비싸다	~~비싸려고~~
적다	~~적으려고~~	검다	~~검으려고~~	좋아하다	좋아하려고
닦다	닦으려고	잡다	잡으려고	착하다	~~착하려고~~
묶다	묶으려고	좁다	~~좁으려고~~	보내다	보내려고
안다	안으려고	입다	입으려고	서다	서려고
신다	신으려고	돕다	도우려고	메다	메려고
앉다	앉으려고	곱다	~~고우려고~~	세다	~~세려고~~
얹다	얹으려고	가깝다	~~가까우려고~~	펴다	펴려고
않다	않으려고	줍다	주우려고	보다	보려고
많다	~~많으려고~~	없다	~~없으려고~~	되다	되려고
끊다	끊으려고	빼앗다	빼앗으려고	고되다	~~고되려고~~
받다	받으려고	웃다	웃으려고	주다	주려고
곧다	~~곧으려고~~	낫다	나으려고	쉬다	쉬려고
얻다	얻으려고	낫다	~~나으려고~~	꿰다	꿰려고
깨닫다	깨달으려고	짓다	지으려고	모으다	모으려고
듣다	들으려고	가만있다	가만있으려고	아프다	~~아프려고~~
살다	살려고	재미있다	~~재미있으려고~~	쓰다	쓰려고
달다	달려고	찾다	찾으려고	크다	~~크려고~~
달다	~~달려고~~	낮다	~~낮으려고~~	고르다	고르려고
만들다	만들려고	잇다	잇으려고	바르다	~~바르려고~~
길다	~~길려고~~	늦다	~~늦으려고~~	부르다	부르려고
밝다	~~밝으려고~~	쫓다	쫓으려고	래으르다	~~깨으르려고~~
밝다	~~밝으려고~~	맡다	맡으려고	이르다	이르려고
읽다	읽으려고	같다	~~같으려고~~	푸르다	~~푸르려고~~
붉다	~~붉으려고~~	붙다	붙으려고	띠다	띠려고
삶다	삶으려고	짙다	~~짙으려고~~	희다	~~희려고~~
굶다	굶으려고	갚다	갚으려고	기다리다	기다리려고
젊다	~~젊으려고~~	높다	~~높으려고~~	느리다	느리려고
밟다	밟으려고	짚다	짚으려고	이다	~~어려고~~
넓다	~~넓으려고~~	깊다	~~깊으려고~~	아니다	~~아니려고~~
핥다	핥으려고	놓다	놓으려고		
훑다	훑으려고	좋다	~~좋으려고~~	-(으)시-	잡으시려고

읊다	읊으려고	넣다	넣으려고	-았/었-	~~잡았으려고~~
앓다	앓으려고	빨갛다	~~빨가려고~~	-았/었-	~~읽었으려고~~
옳다	~~옳으려고~~	벌겋다	벌거려고	-겠-	~~잡겠으려고~~
잃다	잃으려고	하얗다	~~하야려고~~		

의미와 용법

뒤 절의 행동을 하는 의도나 목적을 나타낸다. 주어가 어떤 의도로 뒤 절의 행위를 하는지에 대해 말할 때 사용한다.

미쓰코 씨는 살을 빼려고 매일 운동을 해요.
친구에게 주려고 선물을 샀어요.

활용 및 발음

※ '-(으)려고'는 행위를 나타내는 동사 어간과 주로 결합한다.
※ 자음으로 끝나는 어간에는 '-으려고'가 결합하고 모음으로 끝나는 어간에는 '-려고'가 결합한다. 예. 막다-막으려고, 보다-보려고
※ 'ㄹ'로 끝나는 어간은 '-려고'를 결합한다. 예. 살다-살려고
※ 구어에서는 '-(으)ㄹ라고' 또는 '-(으)ㄹ라구'로 발음된다. 예. 먹다-먹을라고-먹을라구, 가다-갈라고-갈라구, 살다-살라고-살라구

-(으)면

막다	막으면	싫다	싫으면	허옇다	허여면
작다	작으면	담다	담으면	사다	사면
먹다	먹으면	숨다	숨으면	비싸다	비싸면
적다	적으면	검다	검으면	좋아하다	좋아하면
닦다	닦으면	잡다	잡으면	착하다	착하면
묶다	묶으면	좁다	좁으면	보내다	보내면
안다	안으면	입다	입으면	서다	서면
신다	신으면	돕다	도우면	메다	메면
앉다	앉으면	곱다	고우면	세다	세면
얹다	얹으면	가깝다	가까우면	펴다	펴면
않다	않으면	줍다	주우면	보다	보면
많다	많으면	없다	없으면	되다	되면
끊다	끊으면	빼앗다	빼앗으면	고되다	고되면
받다	받으면	웃다	웃으면	주다	주면
곧다	곧으면	낫다	나으면	쉬다	쉬면
얻다	얻으면	낫다	나으면	꿰다	꿰면
깨닫다	깨달으면	짓다	지으면	모으다	모으면
듣다	들으면	가만있다	가만있으면	아프다	아프면
살다	살면	재미있다	재미있으면	쓰다	쓰면
달다	달면	찾다	찾으면	크다	크면
달다	달면	낮다	낮으면	고르다	고르면
만들다	만들면	잊다	잊으면	바르다	바르면
길다	길면	늦다	늦으면	부르다	부르면
밝다	밝으면	쫓다	쫓으면	게으르다	게으르면
밝다	밝으면	맡다	맡으면	이르다	이르면
읽다	읽으면	같다	같으면	푸르다	푸르면
붉다	붉으면	붙다	붙으면	띄다	띄면
삶다	삶으면	짙다	짙으면	희다	희면
굶다	굶으면	갚다	갚으면	기다리다	기다리면
젊다	젊으면	높다	높으면	느리다	느리면
밟다	밟으면	짚다	짚으면	이다	이면
넓다	넓으면	깊다	깊으면	아니다	아니면
핥다	핥으면	놓다	놓으면		
훑다	훑으면	좋다	좋으면	-(으)시-	잡으시면

읊다	읊으면	넣다	넣으면	-았/었-	잡았으면
앓다	앓으면	빨갛다	빨가면	-았/었-	읽었으면
옳다	옳으면	벌겋다	벌거면	-겠-	잡겠으면
잃다	잃으면	하얗다	하야면		

의미와 용법

뒤 절의 내용에 대한 조건이나 가정을 나타낸다. 뒤 절의 내용이 일어나기 위한 근거나 상황에 대한 조건을 말할 때 사용한다.

배가 부르면 잠이 와요.

시간이 없으면 다음에 만나자.

활용 및 발음

※ 자음으로 끝나는 어간에는 '-으면'이 결합하고 모음으로 끝나는 어간에는 '-면'이 결합한다. 예. 막다-막으면, 적다-적으면, 가다-가면, 크다-크면

※ '르'로 끝나는 어간은 '-면'을 결합한다. 예. 살다-살면, 길다-길면

-(으)면서

막다	막으면서	싫다	싫으면서	허옇다	허여면서
작다	작으면서	담다	담으면서	사다	사면서
먹다	먹으면서	숨다	숨으면서	비싸다	비싸면서
적다	적으면서	검다	검으면서	좋아하다	좋아하면서
닦다	닦으면서	잡다	잡으면서	착하다	착하면서
묶다	묶으면서	좁다	좁으면서	보내다	보내면서
안다	안으면서	입다	입으면서	서다	서면서
신다	신으면서	돕다	도우면서	메다	메면서
앉다	앉으면서	곱다	고우면서	세다	세면서
얹다	얹으면서	가깝다	가까우면서	펴다	펴면서
않다	않으면서	줍다	주우면서	보다	보면서
많다	많으면서	없다	없으면서	되다	되면서
끊다	끊으면서	빼앗다	빼앗으면서	고되다	고되면서
받다	받으면서	웃다	웃으면서	주다	주면서
곧다	곧으면서	낫다	나으면서	쉬다	쉬면서
얻다	얻으면서	낫다	나으면서	꿰다	꿰면서
깨닫다	깨달으면서	짓다	지으면서	모으다	모으면서
듣다	들으면서	가만있다	가만있으면서	아프다	아프면서
살다	살면서	재미있다	재미있으면서	쓰다	쓰면서
달다	달면서	찾다	찾으면서	크다	크면서
달다	달면서	낮다	낮으면서	고르다	고르면서
만들다	만들면서	잇다	잇으면서	바르다	바르면서
길다	길면서	늦다	늦으면서	부르다	부르면서
밝다	밝으면서	쫓다	쫓으면서	게으르다	게으르면서
밝다	밝으면서	맡다	맡으면서	이르다	이르면서
읽다	읽으면서	같다	같으면서	푸르다	푸르면서
붉다	붉으면서	붙다	붙으면서	띠다	띠면서
삶다	삶으면서	짙다	짙으면서	희다	희면서
굵다	굵으면서	갚다	갚으면서	기다리다	기다리면서
젊다	젊으면서	높다	높으면서	느리다	느리면서
밟다	밟으면서	짚다	짚으면서	이다	이면서
넓다	넓으면서	깊다	깊으면서	아니다	아니면서
핥다	핥으면서	놓다	놓으면서	-(으)시-	잡으시면서
훑다	훑으면서	좋다	좋으면서		

읊다	읊으면서	넣다	넣으면서	-았/었-	잡았으면서
앓다	앓으면서	빨갛다	빨가면서	-았/었-	읽었으면서
옳다	옳으면서	벌겋다	벌거면서	-겠-	잡겠으면서
잃다	잃으면서	하얗다	하야면서		

의미와 용법

두 가지 이상의 행동이나 상태를 동시에 겸하고 있음을 나타낸다. 앞 절의 행동을 하거나 상태를 유지하면서 동시에 뒤 절의 다른 행동을 하거나 다른 상태도 유지하고 있음을 나타낸다.

차 좀 마시면서 기다리세요.

이 원피스는 예쁘면서 값도 쌉니다.

활용 및 발음

※ 자음으로 끝나는 어간에는 '-으면서'가 결합하고 모음으로 끝나는 어간에는 '-면서'가 결합한다. 예. 막다-막으면서, 적다-적으면서, 가다-가면서, 크다-크면서

※ '르'로 끝나는 어간은 '-면'을 결합한다. 예. 살다-살면서, 길다-길면서

-(으)므로

막다	막으므로	싫다	싫으므로	허옇다	허여므로
작다	작으므로	담다	담으므로	사다	사므로
먹다	먹으므로	숨다	숨으므로	비싸다	비싸므로
적다	적으므로	검다	검으므로	좋아하다	좋아하므로
닦다	닦으므로	잡다	잡으므로	착하다	착하므로
묶다	묶으므로	좁다	좁으므로	보내다	보내므로
안다	안으므로	입다	입으므로	서다	서므로
신다	신으므로	돕다	도우므로	메다	메므로
앉다	앉으므로	곱다	고우므로	세다	세므로
얹다	얹으므로	가깝다	가까우므로	퍼다	퍼므로
않다	않으므로	줍다	주우므로	보다	보므로
많다	많으므로	없다	없으므로	되다	되므로
끊다	끊으므로	빼앗다	빼앗으므로	고되다	고되므로
받다	받으므로	웃다	웃으므로	주다	주므로
곧다	곧으므로	낫다	나으므로	쉬다	쉬므로
얻다	얻으므로	낫다	나으므로	꿰다	꿰므로
깨닫다	깨달으므로	짓다	지으므로	모으다	모으므로
듣다	들으므로	가만있다	가만있으므로	아프다	아프므로
살다	살므로	재미있다	재미있으므로	쓰다	쓰므로
달다	달므로	찾다	찾으므로	크다	크므로
달다	달므로	낮다	낮으므로	고르다	고르므로
만들다	만들므로	잇다	잇으므로	바르다	바르므로
길다	길므로	늦다	늦으므로	부르다	부르므로
밝다	밝으므로	쫓다	쫓으므로	게으르다	게으르므로
밝다	밝으므로	맡다	맡으므로	이르다	이르므로
읽다	읽으므로	같다	같으므로	푸르다	푸르므로
붉다	붉으므로	붙다	붙으므로	띠다	띠므로
삶다	삶으므로	짙다	짙으므로	희다	희므로
굶다	굶으므로	갚다	갚으므로	기다리다	기다리므로
젊다	젊으므로	높다	높으므로	느리다	느리므로
밟다	밟으므로	짚다	짚으므로	이다	이므로
넓다	넓으므로	깊다	깊으므로	아니다	아니므로
핥다	핥으므로	놓다	놓으므로		
훑다	훑으므로	좋다	좋으므로	-(으)시-	잡으시므로

읊다	읊으므로	넣다	넣으므로	-았/었-	잡았으므로
앓다	앓으므로	빨갛다	빨가므로	-았/었-	읽었으므로
옳다	옳으므로	벌겋다	벌거므로	-겠-	잡겠으므로
잃다	잃으므로	하얗다	하야므로		

의미와 용법

앞의 내용이 뒤에 오는 내용의 이유나 근거임을 나타낸다. 주로 문어에서 사용한다.

오늘은 황사가 심하므로 외출 시 마스크를 꼭 끼셔야겠습니다.
죄를 지었으므로 벌을 받는 것이 당연하다.

활용 및 발음

※ 자음으로 끝나는 어간에는 '-으므로'가 결합하고 모음으로 끝나는 어간에는 '-므로'가 결합한다. 예. 막다-막으므로, 적다-적으므로, 가다-가므로, 크다-크므로
※ 'ㄹ'로 끝나는 어간은 '-므로'와 결합한다. 예. 살다-살므로, 길다-길므로

3

모음어미

모음어미는 어미가 'ㅏ'나 'ㅓ'로 시작하는 어미를 가리킨다. '아'나 '어'는 모음조화라는 현상에 의해 동사나 형용사의 어간이 어떤 모음으로 되어 있는지에 따라 선택된다. '막다'의 '막-' '좁다'의 '좁-'과 같이 'ㅏ'나 'ㅓ'로 된 어간은 'ㅏ'를 선택하고 그 밖의 경우에는 'ㅓ'를 선택한다. '막다'는 '막아', '좁다'는 '좁아'로 나타나고 '먹다'는 '먹어', '웃다'는 '웃어'로 나타난다. 모음어미는 다음과 같다.

-아/어, -아/어도, -아/어서, -아/어야, -아/어야지, 았/었더니

-아/어

막다	막아	싫다	싫어	허옇다	허예
작다	작아	담다	담아	사다	사
먹다	먹어	숨다	숨어	비싸다	비싸
적다	적어	검다	검어	좋아하다	좋아하여/좋아해
닦다	닦아	잡다	잡아	착하다	착해
묶다	묶어	좁다	좁아	보내다	보내
안다	안아	입다	입어	서다	서
신다	신어	돕다	도와	메다	메어/메
앉다	앉아	곱다	고와	세다	세어/세
얹다	얹어	가깝다	가까워	펴다	펴
않다	않아	줍다	주워	보다	보아/봐
많다	많아	없다	없어	되다	되어/돼
끊다	끊어	빼앗다	빼앗아	고되다	고되어/고돼
받다	받아	웃다	웃어	주다	주어/줘
곧다	곧아	낫다	나아	쉬다	쉬어
얻다	얻어	낫다	나아	꿰다	꿰어/꿰
깨닫다	깨달아	짓다	지어	모으다	모아
듣다	들어	가만있다	가만있어	아프다	아파
살다	살아	재미있다	재미있어	쓰다	써
달다	달아	찾다	찾아	크다	커
달다	달아	낮다	낮아	고르다	골라
만들다	만들어	잊다	잊어	바르다	발라
길다	길어	늦다	늦어	부르다	불러
밝다	밝아	쫓다	쫓아	게으르다	게을러
밝다	밝아	맡다	맡아	이르다	이르러
읽다	읽어	같다	같아	푸르다	푸르러
붉다	붉어	붙다	붙어	띠다	띠어
삶다	삶아	짙다	짙어	희다	희어
굶다	굶어	갚다	갚아	기다리다	기다리어/기다려
젊다	젊어	높다	높아	느리다	느리어/느려
밟다	밟아	짚다	짚어	이다	이라
넓다	넓어	깊다	깊어	아니다	아니라
핥다	핥아	놓다	놓아		
훑다	훑어	좋다	좋아	-(으)시-	잡으시어/잡으셔

읊다	읊어	넣다	넣어	-았/었-	잡았어
앓다	앓아	빨갛다	빨개	-았/었-	먹었어
옳다	옳아	벌겋다	벌게	-겠-	잡겠어
잃다	잃어	하얗다	하얘		

의미와 용법

1) 앞의 내용이 뒤의 내용의 이유나 원인이 됨을 나타낸다. 어떤 상태가 왜 그런지, 어떤 일이 왜 일어났는지에 대해 말할 때 사용한다.

　　옷을 얇게 입어 좀 추워요.
　　문제가 많아 다 풀지 못했어요.

2) (동사에 붙어) 시간적 선후 관계를 나타낸다. 앞의 내용이 먼저 일어나고 뒤의 내용이 나중에 일어남을 나타낼 때 사용한다.

　　저는 돈을 모아 노트북을 살 거예요.
　　채소를 씻어 그릇에 담았어요.

활용 및 발음

※ 어간의 마지막 음절의 모음이 '아'나 '오'인 어간에는 '-아'가 결합하며 어간의 마지막 음절의 모음이 '아'나 '오'가 아닌 그 밖의 모음인 어간에는 '-어가 결합한다. 예. 막다-막아, 좁다-좁아, 먹다-먹어, 깊다-깊어.

※ ㅂ불규칙 용언의 경우에는 '돕다', '곱다'의 어간에는 '-아'가 결합하지만 그 외의 어간에는 '-어'가 결합한다. 예. 돕다-도와, 곱다-고와, 가깝다-가까워

※ 'ㅏ'나 'ㅓ'로 끝나는 용언과 '-아/어'가 결합하면 'ㅏ'와 'ㅓ'는 탈락한다. 예. 가다-가, 서다-서

※ 'ㅡ'로 끝나는 용언은 '-아/어'와 결합할 때 'ㅡ'가 탈락한다. 이때 'ㅡ' 앞에 오는 음절의 모음이 'ㅏ'나 'ㅗ'이면 '-아'가 결합하고 그 밖의 모음이면 '-어'가 결합한다. 예. 아프다-아파, 모으다-모아, 슬프다-슬퍼

※ '크다'는 '-어'와 결합한다. '크다-커'

※ '이다, 아니다'의 어간에 '-아/어'가 결합하면 '이라, 아니라'로 활용한다.

-아/어도

막다	막아도	싫다	싫어도	허옇다	허예도
작다	작아도	담다	담아도	사다	사도
먹다	먹어도	숨다	숨어도	비싸다	비싸도
적다	적어도	검다	검어도	좋아하다	좋아하여도/좋아해도
닦다	닦아도	잡다	잡아도	착하다	착해도
묶다	묶어도	좁다	좁아도	보내다	보내도
안다	안아도	입다	입어도	서다	서도
신다	신어도	돕다	도와도	메다	메어도/메도
앉다	앉아도	곱다	고와도	세다	세어도/세도
얹다	얹어도	가깝다	가까워도	펴다	펴도
않다	않아도	줍다	주워도	보다	보아도/봐도
많다	많아도	없다	없어도	되다	되어도/돼도
끊다	끊어도	빼앗다	빼앗아도	고되다	고되어도/고돼도
받다	받아도	웃다	웃어도	주다	주어도/줘도
곧다	곧아도	낫다	나아도	쉬다	쉬어도
얻다	얻어도	낫다	나아도	꿰다	꿰어도/꿰도
깨닫다	깨달아도	짓다	지어도	모으다	모아도
듣다	들어도	가만있다	가만있어도	아프다	아파도
살다	살아도	재미있다	재미있어도	쓰다	써도
달다	달아도	찾다	찾아도	크다	커도
달다	달아도	낮다	낮아도	고르다	골라도
만들다	만들어도	잊다	잊어도	바르다	발라도
길다	길어도	늦다	늦어도	부르다	불러도
밝다	밝아도	쫓다	쫓아도	게으르다	게을러도
밝다	밝아도	맡다	맡아도	이르다	이르러도
읽다	읽어도	같다	같아도	푸르다	푸르러도
붉다	붉어도	붙다	붙어도	띠다	띠어도
삶다	삶아도	짙다	짙어도	희다	희어도
굶다	굶어도	갚다	갚아도	기다리다	기다리어도/기다려도
젊다	젊어도	높다	높아도	느리다	느리어도/느려도
밟다	밟아도	짚다	짚어도	이다	이어도/이라도
넓다	넓어도	깊다	깊어도	아니다	아니어도/아니라도
핥다	핥아도	놓다	놓아도		
훑다	훑어도	좋다	좋아도	-(으)시-	잡으시어도/잡으셔도

읊다	읊어도	넣다	넣어도	-았/었-	잡았어도
앓다	앓아도	빨갛다	빨개도	-았/었-	먹었어도
옳다	옳아도	벌겋다	벌게도	-겠-	잡겠어도
잃다	잃어도	하얗다	하얘도		

의미와 용법

앞 절에서 말하는 사실이나 가정에 대해 기대하는 것이 뒤 절에서 어긋
남을 나타낸다.

　　그는 키가 커도 농구를 잘 못해요.
　　이 책은 몇 번을 봐도 무슨 내용인지 모르겠어요.

활용 및 발음

※ 어간의 마지막 음절의 모음이 '아'나 '오'인 어간에는 '-아도'가 결합
　하며 어간의 마지막 음절의 모음이 '아'나 '오'가 아닌 그 밖의 모음
　인 어간에는 '-어도'가 결합한다. 예. 막다-막아도, 좁다-좁아도, 먹다-
　먹어도, 깊다-깊어도.

※ ㅂ불규칙 용언의 경우에는 '돕다', '곱다'의 어간에는 '-아도'가 결합
　하지만 그 외의 어간에는 '-어도'가 결합한다. 예. 돕다-도와도, 곱다-
　고와도, 가깝다-가까워도

※ 'ㅏ'나 'ㅓ'로 끝나는 용언과 '-아/어도'가 결합하면 'ㅏ'와 'ㅓ'는 탈락
　한다. 예. 가다-가도, 서다-서도

※ 'ㅡ'로 끝나는 용언은 '-아/어도'와 결합할 때 'ㅡ'가 탈락한다. 이때
　'ㅡ' 앞에 오는 음절의 모음이 'ㅏ'나 'ㅗ'이면 '-아도'가 결합하고 그
　밖의 모음이면 '-어도'가 결합한다. 예. 아프다-아파도, 모으다-모아도,
　슬프다-슬퍼도

※ '크다'는 '-어도'와 결합한다. '크다-커도'

※ '이다, 아니다'의 어간에 '-아도/어도'가 결합하면 '이라도, 아니라도'
　또는 '이어도, 아니어도'와 같이 활용한다.

-아/어서

막다	막아서	싫다	싫어서	허옇다	허예서
작다	작아서	담다	담아서	사다	사서
먹다	먹어서	숨다	숨어서	비싸다	비싸서
적다	적어서	검다	검어서	좋아하다	좋아하여서/좋아해서
닦다	닦아서	잡다	잡아서	착하다	착해서
묶다	묶어서	좁다	좁아서	보내다	보내서
안다	안아서	입다	입어서	서다	서서
신다	신어서	돕다	도와서	메다	메어서/메서
앉다	앉아서	곱다	고와서	세다	세어서/세서
엎다	엎어서	가깝다	가까워서	펴다	펴서
않다	않아서	줍다	주워서	보다	보아서/봐서
많다	많아서	없다	없어서	되다	되어서/돼서
끊다	끊어서	빼앗다	빼앗아서	고되다	고되어서/고돼서
받다	받아서	웃다	웃어서	주다	주어서/줘서
곧다	곧아서	낫다	나아서	쉬다	쉬어서
얻다	얻어서	낫다	나아서	꿰다	꿰어서/꿰서
깨닫다	깨달아서	짓다	지어서	모으다	모아서
듣다	들어서	가만있다	가만있어서	아프다	아파서
살다	살아서	재미있다	재미있어서	쓰다	써서
달다	달아서	찾다	찾아서	크다	커서
달다	달아서	낮다	낮아서	고르다	골라서
만들다	만들어서	잊다	잊어서	바르다	발라서
길다	길어서	늦다	늦어서	부르다	불러서
밝다	밝아서	쫓다	쫓아서	게으르다	게을러서
밝다	밝아서	맡다	맡아서	이르다	이르러서
읽다	읽어서	같다	같아서	푸르다	푸르러서
붉다	붉어서	붙다	붙어서	띠다	띠어서
삶다	삶아서	짙다	짙어서	희다	희어서
굶다	굶어서	갚다	갚아서	기다리다	기다리어서/기다려서
젊다	젊어서	높다	높아서	느리다	느리어서/느려서
밟다	밟아서	짚다	짚어서	이다	이어서/이라서
넓다	넓어서	깊다	깊어서	아니다	아니어서/아니라서
핥다	핥아서	놓다	놓아서		
훑다	훑어서	좋다	좋아서	-(으)시-	잡으시어서/잡으셔서
읊다	읊어서	넣다	넣어서	-았/었-	~~잡았어서~~
앓다	앓아서	빨갛다	빨개서	-았/었-	~~먹었어서~~
옳다	옳아서	벌겋다	벌게서	-겠-	~~잡겠어서~~

잃다	잃어서	하얘서	하얘도		

의미와 용법

1) 앞의 내용이 뒤 절이 나타내는 상태나 상황의 이유나 원인을 말할 때 사용한다.

    옷을 얇게 입어서 좀 추워요.

    문제가 많아서 다 풀지 못했어요.

2) (동사에 붙어) 시간적 선후 관계를 나타낸다. 앞의 내용이 먼저 일어나고 뒤의 내용이 나중에 일어남을 나타낼 때 사용한다.

    음식을 만들어서 식탁에 놓았어요.

    버스에서 내려서 택시를 탔어요.

활용 및 발음

※ 어간의 마지막 음절의 모음이 '아'나 '오'인 어간에는 '-아서'가 결합하며 어간의 마지막 음절의 모음이 '아'나 '오'가 아닌 그 밖의 모음인 어간에는 '-어서'가 결합한다. 예. 막다-막아서, 좁다-좁아서, 먹다-먹어서, 깊다-깊어서.

※ ㅂ불규칙 용언의 경우에는 '돕다', '곱다'의 어간에는 '-아서'가 결합하지만 그 외의 어간에는 '-어서'가 결합한다. 예. 돕다-도와서, 곱다-고와서, 가깝다-가까워서

※ 'ㅏ'나 'ㅓ'로 끝나는 용언과 '-아/어도'가 결합하면 'ㅏ'와 'ㅓ'는 탈락한다. 예. 가다-가서, 서다-서서

※ 'ㅡ'로 끝나는 용언은 '-아/어서'와 결합할 때 'ㅡ'가 탈락한다. 이때 'ㅡ' 앞에 오는 음절의 모음이 'ㅏ'나 'ㅗ'이면 '-아서'가 결합하고 그 밖의 모음이면 '-어서'가 결합한다. 예. 아프다-아파서, 모으다-모아서, 슬프다-슬퍼서

※ '크다'는 '-어서'와 결합한다. '크다-커서'

※ '이다, 아니다'의 어간에 '-아/어서'가 결합하면 '이라서, 아니라서' 또는 '이어서, 아니어서'로 활용한다.

−아/어야

막다	막아야	싫다	싫어야	허옇다	허예야
작다	작아야	담다	담아야	사다	사야
먹다	먹어야	숨다	숨어야	비싸다	비싸야
적다	적어야	검다	검어야	좋아하다	좋아하여야/좋아해야
닦다	닦아야	잡다	잡아야	착하다	착해야
묶다	묶어야	좁다	좁아야	보내다	보내야
안다	안아야	입다	입어야	서다	서야
신다	신어야	돕다	도와야	메다	메어야/메야
앉다	앉아야	곱다	고와야	세다	세어야/세야
얹다	얹어야	가깝다	가까워야	펴다	펴야
않다	않아야	줍다	주워야	보다	보아야/봐야
많다	많아야	없다	없어야	되다	되어야/돼야
끊다	끊어야	빼앗다	빼앗아야	고되다	고되어야/고돼야
받다	받아야	웃다	웃어야	주다	주어야/줘야
곧다	곧아야	낫다	나아야	쉬다	쉬어야
얻다	얻어야	낫다	나아야	꿰다	꿰어야/꿰야
깨닫다	깨달아야	짓다	지어야	모으다	모아야
듣다	들어야	가만있다	가만있어야	아프다	아파야
살다	살아야	재미있다	재미있어야	쓰다	써야
달다	달아야	찾다	찾아야	크다	커야
달다	달아야	낮다	낮아야	고르다	골라야
만들다	만들어야	잊다	잊어야	바르다	발라야
길다	길어야	늦다	늦어야	부르다	불러야
밝다	밝아야	쫓다	쫓아야	게으르다	게을러야
밝다	밝아야	맡다	맡아야	이르다	이르러야
읽다	읽어야	같다	같아야	푸르다	푸르러야
붉다	붉어야	붙다	붙어야	띄다	띄어야
삶다	삶아야	짙다	짙어야	희다	희어야
굶다	굶어야	갚다	갚아야	기다리다	기다리어야/기다려야
젊다	젊어야	높다	높아야	느리다	느리어야/느려야
밟다	밟아야	짚다	짚어야	이다	이어야/이라야
넓다	넓어야	깊다	깊어야	아니다	아니어야/아니라야
핥다	핥아야	놓다	놓아야		
훑다	훑어야	좋다	좋아야	-(으)시-	잡으시어야/잡으셔야
읊다	읊어야	넣다	넣어야	-았/었-	잡았어야
앓다	앓아야	빨갛다	빨개야	-았/었-	먹었어야
옳다	옳아야	벌겋다	벌게야	-겠-	잡겠어야

| 잃다 | 잃어야 | 하얗다 | 하얘야 | | |

의미와 용법

1) (동사나 형용사, '이다, 아니다'에 붙어) 앞의 내용이 뒤에 오는 내용
   의 필수 조건임을 나타낸다.

   잠을 충분히 자야 피부가 좋아져요.
   연습을 꾸준히 해야 실력이 늘어요.

2) 아무리 가정하여도 뒤 절의 내용에 효과나 영향이 없다는 의미를 나
   타낸다.

   아무리 빌어봐야 용서 받을 수 없어.
   눈물을 흘려 봐야 기회는 이미 지나갔어.

활용 및 발음

※ 어간의 마지막 음절의 모음이 '아'나 '오'인 어간에는 '-아야'가 결합
  하며 어간의 마지막 음절의 모음이 '아'나 '오'가 아닌 그 밖의 모음
  인 어간에는 '-어야'가 결합한다. 예. 막다-막아야, 좁다-좁아야, 먹다-
  먹어야, 깊다-깊어야.
※ ㅂ불규칙 용언의 경우에는 '돕다', '곱다'의 어간에는 '-아야'가 결합
  하지만 그 외의 어간에는 '-어야'가 결합한다. 예. 돕다-도와야, 곱다-
  고와야, 가깝다-가까워야
※ 'ㅏ'나 'ㅓ'로 끝나는 용언과 '-아/어야'가 결합하면 'ㅏ'와 'ㅓ'는 탈락
  한다. 예. 가다-가야, 서다-서야
※ 'ㅡ'로 끝나는 용언은 '-아/어야'와 결합할 때 'ㅡ'가 탈락한다. 이때
  'ㅡ' 앞에 오는 음절의 모음이 'ㅏ'나 'ㅗ'이면 '-아야'가 결합하고 그
  밖의 모음이면 '-어야'가 결합한다. 예. 아프다-아파야, 모으다-모아야,
  슬프다-슬퍼야
※ '크다'는 '-어야'와 결합한다. '크다-커야'
※ '이다, 아니다'의 어간에 '-아/어야'가 결합하면 '이라야, 아니라야' 또
  는 '이어야, 아니어야'와 같이 활용한다.

-아/어야지

막다	막아야지	싫다	싫어야지	허옇다	허예야지
작다	작아야지	담다	담아야지	사다	사야지
먹다	먹어야지	숨다	숨어야지	비싸다	비싸야지
적다	적어야지	검다	검어야지	좋아하다	좋아하여야지/좋아해야지
닦다	닦아야지	잡다	잡아야지	착하다	착해야지
묶다	묶어야지	좁다	좁아야지	보내다	보내야지
안다	안아야지	입다	입어야지	서다	서야지
신다	신어야지	돕다	도와야지	메다	메어야지/메야지
앉다	앉아야지	곱다	고와야지	세다	세어야지/세야지
얹다	얹어야지	가깝다	가까워야지	펴다	펴야지
않다	않아야지	줍다	주워야지	보다	보아야지/봐야지
많다	많아야지	없다	없어야지	되다	되어야지/돼야지
끊다	끊어야지	빼앗다	빼앗아야지	고되다	고되어야지/고돼야지
받다	받아야지	웃다	웃어야지	주다	주어야지/줘야지
곧다	곧아야지	낫다	나아야지	쉬다	쉬어야지
얻다	얻어야지	낫다	나아야지	꿰다	꿰어야지/꿰야지
깨닫다	깨달아야지	짓다	지어야지	모으다	모아야지
듣다	들어야지	가만있다	가만있어야지	아프다	아파야지
살다	살아야지	재미있다	재미있어야지	쓰다	써야지
달다	달아야지	찾다	찾아야지	크다	커야지
달다	달아야지	낮다	낮아야지	고르다	골라야지
만들다	만들어야지	잇다	잇어야지	바르다	발라야지
길다	길어야지	늦다	늦어야지	부르다	불러야지
밝다	밝아야지	쫓다	쫓아야지	게으르다	게을러야지
밝다	밝아야지	맡다	맡아야지	이르다	이르러야지
읽다	읽어야지	같다	같아야지	푸르다	푸르러야지
붉다	붉어야지	붙다	붙어야지	띄다	띄어야지
삶다	삶아야지	짙다	짙어야지	희다	희어야지
굶다	굶어야지	갚다	갚아야지	기다리다	기다리어야지/기다려야지
젊다	젊어야지	높다	높아야지	느리다	느리어야지/느려야지
밟다	밟아야지	짚다	짚어야지	이다	이어야지/이라야지
넓다	넓어야지	깊다	깊어야지	아니다	아니어야지/아니라야지
핥다	핥아야지	놓다	놓아야지		
훑다	훑어야지	좋다	좋아야지	-(으)시-	잡으시어야지/잡으셔야지

읊다	읊어야지	넣다	넣어야지	-았/었-	잡았어야지
앓다	앓아야지	빨갛다	빨개야지	-았/었-	먹었어야지
옳다	옳아야지	벌겋다	벌게야지	-겠-	잡겠어야지
잃다	잃어야지	하얗다	하얘야지		

의미와 용법

앞의 내용이 뒤에 오는 내용의 필수 조건임을 나타낸다. 주로 구어에서 사용한다.

  잘 먹어야지 기운이 나지.
  겸손해야지 사람들이 좋아해요.

활용 및 발음

※ 어간의 마지막 음절의 모음이 '아'나 '오'인 어간에는 '-아야지'가 결합하며 어간의 마지막 음절의 모음이 '아'나 '오'가 아닌 그 밖의 모음인 어간에는 '-어야지'가 결합한다. 예. 막다-막아야지, 좁다-좁아야지, 먹다-먹어야지, 깊다-깊어야지.

※ ㅂ불규칙 용언의 경우에는 '돕다', '곱다'의 어간에는 '-아야지'가 결합하지만 그 외의 어간에는 '-어야지'가 결합한다. 예. 돕다-도와야지, 곱다-고와야지, 가깝다-가까워야지

※ 'ㅏ'나 'ㅓ'로 끝나는 용언과 '-아/어야지'가 결합하면 'ㅏ'와 'ㅓ'는 탈락한다. 예. 가다-가야지, 서다-서야지

※ 'ㅡ'로 끝나는 용언은 '-아/어야지'와 결합할 때 'ㅡ'가 탈락한다. 이때 'ㅡ' 앞에 오는 음절의 모음이 'ㅏ'나 'ㅗ'이면 '-아야지'가 결합하고 그 밖의 모음이면 '-어야지'가 결합한다. 예. 아프다-아파야지, 모으다-모아야지, 슬프다-슬퍼야지

※ '크다'는 '-어야지'와 결합한다. '크다-커야지'

※ '이다, 아니다'의 어간에 '-아/어야지'가 결합하면 '이라야지, 아니라야지' 또는 '이어야지, 아니어야지'와 같이 활용한다.

-았/었더니

막다	막았더니	싫다	~~싫었더니~~	허옇다	~~허옜더니~~
작다	~~작었더니~~	담다	담았더니	사다	샀더니
먹다	먹었더니	숨다	숨었더니	비싸다	~~비쌌더니~~
적다	~~적었더니~~	검다	~~검었더니~~	좋아하다	좋아했더니
닦다	닦았더니	잡다	잡았더니	착하다	~~착했더니~~
묶다	묶었더니	좁다	~~좁았더니~~	보내다	보냈더니
안다	안았더니	입다	입었더니	서다	섰더니
신다	신었더니	돕다	도와더니	메다	멨더니
앉다	앉았더니	곱다	~~곱와더니~~	세다	~~샜더니~~
얹다	얹었더니	가깝다	~~가까워더니~~	펴다	폈더니
않다	~~않았더니~~	줍다	주웠더니	보다	보았더니/봤더니
많다	~~많았더니~~	없다	~~없었더니~~	되다	되었더니/됐더니
끊다	끊었더니	빼앗다	빼앗았더니	고되다	~~고되었더니/고됐더니~~
받다	받았더니	웃다	웃었더니	주다	주었더니/줬더니
곧다	~~곧았더니~~	낫다	나았더니	쉬다	쉬었더니
얻다	얻었더니	낫다	~~나았더니~~	꿰다	꿰었더니/꿨더니
깨닫다	깨달았더니	짓다	지었더니	모으다	모았더니
듣다	들었더니	가만있다	가만있었더니	아프다	~~아팠더니~~
살다	살았더니	재미있다	~~재미있었더니~~	쓰다	썼더니
달다	달았더니	찾다	찾았더니	크다	~~컸더니~~
달다	~~달았더니~~	낮다	~~낮았더니~~	고르다	골랐더니
만들다	만들었더니	잊다	잊었더니	바르다	~~발랐더니~~
길다	~~길았더니~~	늦다	~~늦었더니~~	부르다	불렀더니
밝다	~~밝았더니~~	쫓다	쫓었더니	게으르다	~~게을렀더니~~
밝다	~~밝았더니~~	맡다	맡았더니	이르다	이르렀더니
읽다	읽었더니	같다	~~같았더니~~	푸르다	~~푸르렀더니~~
붉다	~~붉었더니~~	붙다	붙었더니	띠다	띠었더니
삶다	삶았더니	짙다	~~짙었더니~~	희다	~~희었더니~~
굶다	굶었더니	갚다	갚았더니	기다리다	기다리었더니/기다렸더니
젊다	~~젊었더니~~	높다	~~높았더니~~	느리다	~~느리었더니~~
밟다	밟았더니	짚다	짚었더니	이다	~~어었더니~~
넓다	~~넓었더니~~	깊다	~~깊었더니~~	아니다	~~아니었더니~~

핥다	핥았더니	놓다	놓았더니		
훑다	훑었더니	좋다	좋았더나	-(으)시-	잡으시었더니
읊다	읊었더니	넣다	넣었더니	-았/었-	잡았었더니
앓다	앓았더니	빨갛다	빨갰더나	-았/었-	먹었었더니
옳다	옳았더나	벌겋다	벌겠더나	-겠-	잡겠었더니
잃다	잃었더니	하얗다	하얬더나		

의미와 용법

1) 과거에 직접 관찰하거나 경험한 행위에 대한 반응을 나타낸다.

제가 화를 냈더니 아이들이 무서워했어요.
김치를 만들었더니 외국인들이 좋아했어요.

2) (동사에 붙어) 과거에 직접 경험한 것에 이어 알게 된 사실을 나타낸다.

밤에 창문을 열었더니 벌레가 들어왔다
일찍 집에 왔더니 아무도 없었다.

3) (동사에 붙어) 과거에 직접 관찰하거나 경험한 사실에 대한 결과를 나타낸다.

커피를 마셨더니 더 이상 졸리지 않았다.
매일 2시간씩 걸었더니 살이 빠졌다.

활용 및 발음

※ '-았/었더니'는 주로 동사어간에 결합한다.

※ 어간의 마지막 음절의 모음이 '아'나 '오'인 어간에는 '-았더니'가 결합하며 어간의 마지막 음절의 모음이 '아'나 '오'가 아닌 그 밖의 모음인 어간에는 '-었더니'가 결합한다. 예. 막다-막았더니, 쫓다-쫓았더니, 먹다-먹었더니, 입다-입었더니.

※ ㅂ불규칙 용언의 경우에는 '돕다'의 어간에는 '-았더니'가 결합하지만 그 외의 어간에는 '-었더니'가 결합한다. 예. 돕다-도왔더니, 줍다-주웠더니

※ 'ㅏ'나 'ㅓ'로 끝나는 용언과 '-았/었더니'가 결합하면 'ㅏ'와 'ㅓ'는 탈락한다. 예. 가다-갔더니, 서다-섰더니

※ 'ㅡ'로 끝나는 용언은 '-았/었더니'와 결합할 때 'ㅡ'가 탈락한다. 이때 'ㅡ' 앞에 오는 음절의 모음이 'ㅏ'나 'ㅗ'이면 '-았더니'가 결합하고 그 밖의 모음이면 '-었더니'가 결합한다. 예. 모으다-모았더니, 치르다-치렀더니

※ 동사 용법의 '크다'는 '-었더니'와 결합하면 'ㅡ'가 탈락한다. '크다-컸더니'

※ '르'로 끝나는 용언 가운데 불규칙 용언은 '-았/었더니'와 결합할 때 'ㄹ'이 첨가된다. 예. 고르다-골랐더니, 부르다-불렀더니

※ '르'로 끝나는 용언 가운데 어떤 용언은 '-았/었더니'가 결합할 때 어미에 'ㄹ'이 첨가된다. 예. 이르다-이르렀더니

※ 'ㅣ'로 끝나는 용언은 '-었더니'와 결합하면 반모음이 되어 '-였더니'로 발음된다. 예. 기다리다-기다리었더니-기다렸더니

※ 'ㅜ'로 끝나는 용언은 '-었더니'와 결합하면 반모음이 되어 '-왔/웠더니'로 발음된다. 예. 보다-보았더니-봤더니, 주다-주었더니-줬더니

※ '하다'가 결합한 용언은 '-었더니'와 결합하면 '-었더니'가 '-였더니'가 되나 주로 구어에서는 '했더니'로 발음된다. 좋아하다-좋아하였더니-좋아했더니.

전성어미는 동사나 형용사에 붙어 문장 내에서 명사나 관형사와 같은 역할을 하게 도와주는 어미들이다. 명사와 같은 역할을 하도록 하는 어미는 명사형어미라고 부르며 '-(으)ㅁ'과 '-기'가 있다. 관형사와 같은 역할을 하도록 하는 어미는 관형사형어미라고 부르며 '-은, -는, -을, -던'이 있다. 이 가운데 '-기, -는, -던'은 자음어미이고 '-은, -을, -음'은 매개모음어미이다.

03

전
성
어
미

-는

막다	막는	싫다	~~싫는~~	허옇다	~~허옇는~~
작다	~~작는~~	담다	담는	사다	사는
먹다	먹는	숨다	숨는	비싸다	~~비싸는~~
적다	~~적는~~	검다	~~검는~~	좋아하다	좋아하는
닦다	닦는	잡다	잡는	착하다	~~착하는~~
묶다	묶는	좁다	~~좁는~~	보내다	보내는
안다	안는	입다	입는	서다	서는
신다	신는	돕다	돕는	메다	메는
앉다	앉는	곱다	~~곱는~~	세다	~~세는~~
얹다	얹는	가깝다	~~가깝는~~	펴다	펴는
않다	~~않는~~	줍다	줍는	보다	보는
많다	~~많는~~	없다	~~없는~~	되다	되는
끊다	끊는	빼앗다	~~빼앗는~~	고되다	~~고되는~~
받다	받는	웃다	웃는	주다	주는
곧다	~~곧는~~	낫다	낫는	쉬다	쉬는
얻다	얻는	낫다	~~낫는~~	꿰다	꿰는
깨닫다	깨닫는	짓다	짓는	모으다	모으는
듣다	듣는	가만있다	가만있는	아프다	~~아프는~~
살다	사는	재미있다	재미있는	쓰다	쓰는
달다	다는	찾다	찾는	크다	~~크는~~
달다	~~타는~~	낮다	~~낮는~~	고르다	고르는
만들다	만드는	잊다	잊는	바르다	~~바르는~~
길다	~~길는~~	늦다	~~늦는~~	부르다	부르는
밝다	밝는	쫓다	쫓는	게으르다	~~게으르는~~
밝다	~~밝는~~	맡다	맡는	이르다	이르는
읽다	읽는	같다	~~같는~~	푸르다	~~푸르는~~
붉다	~~붉는~~	붙다	붙는	띠다	띠는
삶다	삶는	짙다	~~짙는~~	희다	~~희는~~
굶다	굶는	갚다	갚는	기다리다	기다리는
젊다	~~젊는~~	높다	~~높는~~	느리다	~~느리는~~
밟다	밟는	짚다	짚는	이다	~~어는~~
넓다	~~넓는~~	깊다	~~깊는~~	아니다	~~아니는~~
핥다	핥는	놓다	놓는		
훑다	훑는	좋다	~~좋는~~	-(으)시-	잡으시는

읊다	읊는	넣다	넣는	-았/었-	잡았는
앓다	앓는	빨갛다	~~빨갛는~~	-았/었-	먹었는
옳다	~~옳는~~	벌겋다	~~벌겋는~~	-겠-	잡겠는
잃다	잃는	하얗다	~~하얗는~~		

의미와 용법

(동사나 '있다, 없다, 계시다'에 붙어) 그 동작이나 행위가 현재 일어나고 있음을 나타낸다. '-는' 앞에 오는 동사 등을 관형사형으로 바꾸어 뒤에 오는 명사를 수식할 때 사용한다.

고향에 계시는 부모님이 그리워요.
축구하는 친구들이 운동장에 많아요.

활용 및 발음

※ '막는, 닦는, 읽는'는 '[망는], [당는], [잉는]'와 같이 발음한다.
※ '받는, 짓는, 가만있는, 쫓는, 믿는'는 '[반는], [진는], [가마닌는], [쫀는], [민는]'과 같이 발음한다.
※ '집는, 갚는, 읊는'는 '[짐는], [감는], [음는]'과 같이 발음한다.
※ 'ㄹ'로 끝나는 용언은 '-는'와 결합하면 'ㄹ'이 탈락한다. 살다-사는, 만들다-만드는
※ '핥는, 앓는'는 '[할른], [알른]'과 같이 발음하고 '밟는'은 '[밤:는]'와 같이 발음한다.

-던

막다	막던	싫다	싫던	허옇다	허옇던
작다	작던	담다	담던	사다	사던
먹다	먹던	숨다	숨던	비싸다	비싸던
적다	적던	검다	검던	좋아하다	좋아하던
닦다	닦던	잡다	잡던	착하다	착하던
묶다	묶던	좁다	좁던	보내다	보내던
안다	안던	입다	입던	서다	서던
신다	신던	돕다	돕던	메다	메던
앉다	앉던	곱다	곱던	세다	세던
얹다	얹던	가깝다	가깝던	펴다	펴던
않다	않던	줍다	줍던	보다	보던
많다	많던	없다	없던	되다	되던
끊다	끊던	빼앗다	빼앗던	고되다	고되던
받다	받던	웃다	웃던	주다	주던
곧다	곧던	낫다	낫던	쉬다	쉬던
얻다	얻던	낮다	낮던	꿰다	꿰던
깨닫다	깨닫던	짓다	짓던	모으다	모으던
듣다	듣던	가만있다	가만있던	아프다	아프던
살다	살던	재미있다	재미있던	쓰다	쓰던
달다	달던	찾다	찾던	크다	크던
달다	달던	낮다	낮던	고르다	고르던
만들다	만들던	잊다	잊던	바르다	바르던
길다	길던	늦다	늦던	부르다	부르던
밝다	밝던	쫓다	쫓던	게으르다	게으르던
밝다	밝던	맡다	맡던	이르다	이르던
읽다	읽던	같다	같던	푸르다	푸르던
붉다	붉던	붙다	붙던	띠다	띠던
삶다	삶던	짙다	짙던	희다	희던
굶다	굶던	갚다	갚던	기다리다	기다리던
젊다	젊던	높다	높던	느리다	느리던
밟다	밟던	짚다	짚던	이다	이던
넓다	넓던	깊다	깊던	아니다	아니던
핥다	핥던	놓다	놓던		
훑다	훑던	좋다	좋던	-(으)시-	잡으시던

읊다	읊던	넣다	넣던	-았/었-	잡았던
앓다	앓던	빨갛다	빨갛던	-았/었-	먹었던
옳다	옳던	벌겋다	벌겋던	-겠-	잡겠던
잃다	잃던	하얗다	하얗던		

의미와 용법

여러 번 또는 한동안 계속된 과거의 사건이나 행위, 상태를 다시 떠올림을 나타내거나 과거의 사건, 행위, 상태가 완료되지 않고 중단되었음을 나타낸다. '-던' 앞에 오는 말과 결합하여 뒤에 오는 명사를 수식하는 관형사형을 만드는 데 사용한다.

어제 같이 있던 사람은 저의 동생입니다.

제가 여행 했던 곳은 사람이 많이 살지 않는 곳이었어요.

어릴 때 놀던 곳이 지금은 사라졌어요.

활용 및 발음

※ '-던'의 두음 'ㄷ'은 'ㄱ, ㄴ, ㄲ, ㄷ, ㅁ, ㅂ, ㅅ, ㅆ, ㅈ, ㅊ, ㅌ, ㅍ'으로 끝나는 어간과 결합하면 된소리가 된다. 예: 막던[막떤], 닦던[닥떤], 안던[안:떤], 받던[받떤], 담던[담:떤], 잡던[잡떤], 빼앗던[빼앋떤], 가만 있던[가마닏떤], 찾던[찯떤], 쫓던[쫀떤], 맡던[맏떤], 갚던[갑떤]

※ '-던'의 두음 'ㄷ'은 'ㅎ' 또는 'ㅀ'으로 끝나는 어간과 결합하면 'ㅎ'과 축약이 된다. 예: 놓던[노턴], 앓던[알턴]

※ '읽던, 삶던, 밟던, 핥던, 훑던, 읊던'은 '[익떤], [삼:떤], [밥:떤], [할떤], [훌떤], [읍떤]'으로 발음한다.

※ '앉던'는 '[안떤]'으로 발음한다.

–은

막다	막은	싫다	싫은	허옇다	허연
작다	작은	담다	담은	사다	산
먹다	먹은	숨다	숨은	비싸다	비싼
적다	적은	검다	검은	좋아하다	좋아한
닦다	닦은	잡다	잡은	착하다	착한
묶다	묶은	좁다	좁은	보내다	보낸
안다	안은	입다	입은	서다	선
신다	신은	돕다	도운	메다	멘
앉다	앉은	곱다	고운	세다	센
얹다	얹은	가깝다	가까운	펴다	편
않다	않은	줍다	주운	보다	본
많다	많은	없다	없은	되다	된
끊다	끊은	빼앗다	빼앗은	고되다	고된
받다	받은	웃다	웃은	주다	준
곧다	곧은	낫다	나은	쉬다	쉰
얻다	얻은	낫다	나은	꿰다	꿴
깨닫다	깨달은	짓다	지은	모으다	모은
듣다	들은	가만있다	카만있은	아프다	아픈
살다	산	재미있다	재버있은	쓰다	쓴
달다	단	찾다	찾은	크다	큰
달다	단	낮다	낮은	고르다	고른
만들다	만든	잇다	잇은	바르다	바른
길다	긴	늦다	늦은	부르다	부른
밝다	밝은	쫓다	쫓은	게으르다	게으른
밝다	밝은	맡다	맡은	이르다	이은
읽다	읽은	같다	같은	푸르다	푸른
붉다	붉은	붙다	붙은	띄다	띈
삶다	삶은	짙다	짙은	희다	흰
굵다	굵은	갚다	갚은	기다리다	기다린
젊다	젊은	높다	높은	느리다	느린
밟다	밟은	짚다	짚은	이다	인

넓다	넓은	깊다	깊은	아니다	아닌
핥다	핥은	놓다	놓은		
훑다	훑은	좋다	좋은	-(으)시-	잡으신
읊다	읊은	넣다	넣은	-(으)시-	아프신
앓다	앓은	빨갛다	빨간	-았/었-	막았은
옳다	옳은	벌겋다	벌건	-았/었-	먹었은
잃다	잃은	하얗다	하얀	-겠-	먹겠은

의미와 용법

1) (동사에 붙어) 그 동작이나 행위가 과거에 있어났거나 완료된 행위가 유지되고 있음을 나타낸다. '-은' 앞에 오는 동사를 관형사형으로 바꾸어 뒤에 오는 명사를 수식할 때 사용한다.

　제가 어제 먹은 음식은 너무 맛있었어요.
　작년에 산 신발은 이제 너무 작아요.

2) (형용사, '이다, 아니다'에 붙어) 수식하는 명사의 구체적인 속성이나 상태를 나타낸다. 형용사 등을 관형사형으로 바꾸어 뒤에 오는 명사를 수식할 때 사용한다.

　이 물고기는 맑은 물에 살아요.
　넓은 사무실로 이사를 가니 어때요?
　나는 싼 물건을 사려고 재래시장에 자주 가요.

활용 및 발음

※ 자음으로 끝나는 어간에는 '-은'이 결합하고 모음으로 끝나는 어간에는 '-ㄴ'이 결합한다. 예. 막다-막은, 적다-적은, 가다-간, 크다-큰
※ 'ㄹ'로 끝나는 어간은 'ㄹ'을 탈락시키고 '-ㄴ'을 결합한다. 예. 살다-산, 길다-긴
※ '있다'가 포함된 용언 어간은 '-은'과 결합하지 않는다. '가만있은, 재미있은'은 사용되지 않는다.

-을

막다	막을	싫다	싫을	허영다	허열
작다	작을	담다	담을	사다	살
먹다	먹을	숨다	숨을	비싸다	비쌀
적다	적을	검다	검을	좋아하다	좋아할
닦다	닦을	잡다	잡을	착하다	착할
묶다	묶을	좁다	좁을	보내다	보낼
안다	안을	입다	입을	서다	설
신다	신을	돕다	도울	메다	멜
앉다	앉을	곱다	고울	세다	셀
얹다	얹을	가깝다	가까울	펴다	펼
않다	않을	줍다	주울	보다	볼
많다	많을	없다	없을	되다	될
끊다	끊을	빼앗다	빼앗을	고되다	고될
받다	받을	웃다	웃을	주다	줄
곧다	곧을	낫다	나을	쉬다	쉴
얻다	얻을	낫다	나을	꿰다	꿸
깨닫다	깨달을	짓다	지을	모으다	모을
듣다	들을	가만있다	가만있을	아프다	아플
살다	살	재미있다	재미있을	쓰다	쓸
달다	달	찾다	찾을	크다	클
달다	달	낮다	낮을	고르다	고를
만들다	만들	잊다	잊을	바르다	바를
길다	길	늦다	늦을	부르다	부를
밝다	밝을	쫓다	쫓을	게으르다	게으를
밝다	밝을	맡다	맡을	이르다	이를
읽다	읽을	같다	같을	푸르다	푸를
붉다	붉을	붙다	붙을	띠다	띨
삶다	삶을	짙다	짙을	희다	흴
굶다	굶을	갚다	갚을	기다리다	기다릴
젊다	젊을	높다	높을	느리다	느릴
밟다	밟을	짚다	짚을	이다	일
넓다	넓을	깊다	깊을	아니다	아닐
핥다	핥을	놓다	놓을		
훑다	훑을	좋다	좋을	-(으)시-	잡으실

읊다	읊을	넣다	넣을	-았/었-	잡았을
앓다	앓을	빨갛다	빨갈	-았/었-	읽었을
옳다	옳을	벌겋다	벌걸	-겠-	잡겠을
잃다	잃을	하얗다	하얄		

의미와 용법

미래에 발생하는 상황이나 행위에 대한 추측, 예정, 의도 등을 나타낸다. '-을' 앞에 오는 동사와 형용사 등을 관형사형으로 바꾸어 뒤에 오는 명사를 수식할 때 사용한다.

저는 주말에 집에서 책을 읽을 생각이에요.

안나 씨는 지난달에 한국에 올 예정이었어요.

활용 및 발음

※ 자음으로 끝나는 어간에는 '-을'이 결합하고 모음으로 끝나는 어간에는 '-ㄹ'이 결합한다. 예. 막다-막을, 적다-적을, 가다-갈, 크다-클

※ 'ㄹ'로 끝나는 어간은 'ㄹ'을 탈락시키고 '-ㄹ'을 결합한다. 예. 살다-살, 길다-길

-음

막다	막음	싫다	싫음	허옇다	허염
작다	작음	담다	담음	사다	삼
먹다	먹음	숨다	숨음	비싸다	비쌈
적다	적음	검다	검음	좋아하다	좋아함
닦다	닦음	잡다	잡음	착하다	착함
묶다	묶음	좁다	좁음	보내다	보냄
안다	안음	입다	입음	서다	섬
신다	신음	돕다	도움	메다	멤
앉다	앉음	곱다	고움	세다	셈
얹다	얹음	가깝다	가까움	펴다	폄
않다	않음	줍다	주움	보다	봄
많다	많음	없다	없음	되다	됨
끊다	끊음	빼앗다	빼앗음	고되다	고됨
받다	받음	웃다	웃음	주다	줌
곧다	곧음	낫다	나음	쉬다	쉼
얻다	얻음	낮다	나음	꿰다	꿰
깨닫다	깨달음	짓다	지음	모으다	모음
듣다	들음	가만있다	가만있음	아프다	아픔
살다	삶	재미있다	재미있음	쓰다	씀
달다	닮	찾다	찾음	크다	큼
달다	닮	낮다	낮음	고르다	고름
만들다	만듦	잇다	잊음	바르다	바름
길다	긺	늦다	늦음	부르다	부름
밝다	밝음	쫓다	쫓음	게으르다	게으름
밝다	밝음	맡다	맡음	이르다	이름
읽다	읽음	같다	같음	푸르다	푸름
붉다	붉음	붙다	붙음	띄다	띔
삶다	삶음	짙다	짙음	희다	흼
굵다	굵음	갚다	갚음	기다리다	기다림
젊다	젊음	높다	높음	느리다	느림
밟다	밟음	짚다	짚음	이다	임
넓다	넓음	깊다	깊음	아니다	아님
핥다	핥음	놓다	놓음		
훑다	훑음	좋다	좋음	-(으)시-	잡으심

읊다	읊음	넣다	넣음	-(으)시-	아프심
앓다	앓음	빨갛다	빨감	-았/었-	막았음
옳다	옳음	벌겋다	벌검	-았/었-	먹었음
잃다	잃음	하얗다	하얌	-겠-	먹겠음

의미와 용법

용언에 붙어 해당 용언이 속한 문장을 명사처럼 만들어 준다. 문어에서
는 종결어미처럼 사용되기도 한다.

철수가 어제 도착했음이 알려졌다.

우리는 그가 노력하고 있음을 알고 있다.

위 내용은 사실과 틀림이 없음.

활용 및 발음

※ 자음으로 끝나는 어간에는 '-은'이 결합하고 모음으로 끝나는 어간에
   는 '-ㄴ'이 결합한다. 예. 막다-막음, 적다-적음, 가다-감, 크다-큼
※ 'ㄹ'로 끝나는 어간은 '-ㅁ'을 결합한다. 예. 살다-삶, 길다-긺

-기

막다	막기	싫다	싫기	허옇다	허옇기
작다	작기	담다	담기	사다	사기
먹다	먹기	숨다	숨기	비싸다	비싸기
적다	적기	검다	검기	좋아하다	좋아하기
닦다	닦기	잡다	잡기	착하다	착하기
묶다	묶기	좁다	좁기	보내다	보내기
안다	안기	입다	입기	서다	서기
신다	신기	돕다	돕기	메다	메기
앉다	앉기	곱다	곱기	세다	세기
얹다	얹기	가깝다	가깝기	펴다	펴기
않다	않기	줍다	줍기	보다	보기
많다	많기	없다	없기	되다	되기
끊다	끊기	빼앗다	빼앗기	고되다	고되기
받다	받기	웃다	웃기	주다	주기
곧다	곧기	낫다	낫기	쉬다	쉬기
얻다	얻기	낫다	낫기	꿰다	꿰기
깨닫다	깨닫기	짓다	짓기	모으다	모으기
듣다	듣기	가만있다	가만있기	아프다	아프기
살다	살기	재미있다	재미있기	쓰다	쓰기
달다	달기	찾다	찾기	크다	크기
달다	달기	낮다	낮기	고르다	고르기
만들다	만들기	잊다	잊기	바르다	바르기
길다	길기	늦다	늦기	부르다	부르기
밝다	밝기	쫓다	쫓기	게으르다	게으르기
밝다	밝기	맡다	맡기	이르다	이르기
읽다	읽기	같다	같기	푸르다	푸르기
붉다	붉기	붙다	붙기	띠다	띠기
삶다	삶기	짙다	짙기	희다	희기
굶다	굶기	갚다	갚기	기다리다	기다리기
젊다	젊기	높다	높기	느리다	느리기
밟다	밟기	짚다	짚기	이다	이기
넓다	넓기	깊다	깊기	아니다	아니기
핥다	핥기	놓다	놓기		
훑다	훑기	좋다	좋기	-(으)시-	잡으시기

읊다	읊기	넣다	넣기	-았/었-	잡았기
앓다	앓기	빨갛다	빨갛기	-았/었-	먹었기
옳다	옳기	벌겋다	벌겋기	-겠-	잡겠기
잃다	잃기	하얗다	하얗기		

의미와 용법

1) 용언에 붙어 해당 용언이 속한 문장을 명사처럼 만들어 준다.

영희는 키가 크기도 하지만 농구를 잘한다.
흉악한 범죄자는 인간이기를 포기한 것 같다.
학생들은 공부하기 싫어한다.

활용 및 발음

※ '-기'의 두음 'ㄱ'은 'ㄱ, ㄴ, ㄲ, ㄷ, ㅁ, ㅂ, ㅅ, ㅆ, ㅈ, ㅊ, ㅌ, ㅍ'으로 끝나는 어간과 결합하면 된소리인 'ㄲ'이 된다. 예: 막기[막끼], 닦기[닥끼], 안기[안ː끼], 받기[받끼], 담기[담ː끼], 잡기[잡끼], 빼앗기[빼앋끼], 가만있기[가마닏끼], 찾기[찯끼], 쫓기[쫃끼], 맡기[맏끼], 갚기[갑끼]

※ '-기'의 두음 'ㄱ'은 'ㅎ' 또는 'ㄶ, ㅀ'으로 끝나는 어간과 결합하면 'ㅎ'과 축약이 된다. 예: 놓기[노키], 않기[안키], 앓기[알키]

※ '밝기, 삶기, 넓기, 핥기, 훑기, 읊기'는 '[발끼], [삼ː끼], [널끼], [할끼], [훌끼], [읍끼]'로 발음한다. '밟기'는 '[밥ː끼]'로 발음한다.

※ '없기'는 '[업ː끼]'로 발음한다.

※ '앉기'는 '[안끼]'로 발음한다.

선어말어미는 한 단어를 끝맺지 않고 동사나 형용사의 어간과 어말어미 사이에 오는 어미이다. 주어의 높임을 나타내는 '-(으)시-'와 과거를 나타 내는 '-았/었-', 추측이나 미래를 나타내는 '-겠-'이 있다. 선어말어미는 어간과 직접 결합하기도 하지만 다른 선어말어미가 앞에 올 수도 있다. 세 선어말어미가 다 결합할 경우에는 순서가 '-(으)시+-었-+-겠-'과 같이 나타난다.

선
어
말
어
미

-(으)시 + (-고)-

막다	막으시고	싫다	싫으시고	허옇다	허여시고
작다	작으시고	담다	담으시고	사다	사시고
먹다	먹으시고	숨다	숨으시고	비싸다	비싸시고
적다	적으시고	검다	검으시고	좋아하다	좋아하시고
닦다	닦으시고	잡다	잡으시고	착하다	착하시고
묶다	묶으시고	좁다	좁으시고	보내다	보내시고
안다	안으시고	입다	입으시고	서다	서시고
신다	신으시고	돕다	도우시고	메다	메시고
앉다	앉으시고	곱다	고우시고	세다	세시고
얹다	얹으시고	가깝다	가까우시고	펴다	펴시고
않다	않으시고	줍다	주우시고	보다	보시고
많다	많으시고	없다	없으시고	되다	되시고
끊다	끊으시고	빼앗다	빼앗으시고	고되다	고되시고
받다	받으시고	웃다	웃으시고	주다	주시고
곧다	곧으시고	낫다	나으시고	쉬다	쉬시고
얻다	얻으시고	낫다	나으시고	꿰다	꿰시고
깨닫다	깨달으시고	짓다	지으시고	모으다	모으시고
듣다	들으시고	가만있다	가만있으시고	아프다	아프시고
살다	사시고	재미있다	재미있으시고	쓰다	쓰시고
달다	다시고	찾다	찾으시고	크다	크시고
달다	다시고	낮다	낮으시고	고르다	고르시고
만들다	만드시고	잊다	잊으시고	바르다	바르시고
길다	기시고	늦다	늦으시고	부르다	부르시고
밝다	밝으시고	쫓다	쫓으시고	게으르다	게으르시고
밝다	밝으시고	맡다	맡으시고	이르다	이르시고
읽다	읽으시고	같다	같으시고	푸르다	푸르시고
붉다	붉으시고	붙다	붙으시고	띠다	띠시고
삶다	삶으시고	짙다	짙으시고	희다	희시고
굶다	굶으시고	갚다	갚으시고	기다리다	기다리시고
젊다	젊으시고	높다	높으시고	느리다	느리시고
밟다	밟으시고	짚다	짚으시고	이다	이시고
넓다	넓으시고	깊다	깊으시고	아니다	아니시고
핥다	핥으시고	놓다	놓으시고		
훑다	훑으시고	좋다	좋으시고		

읊다	읊으시고	넣다	넣으시고	-았/었-	잡으시었고/잡으셨고
앓다	앓으시고	빨갛다	빨가시고	-았/었-	읽으시었고/읽으셨고
옳다	옳으시고	벌겋다	벌거시고	-겠-	잡으시겠고
잃다	잃으시고	하얗다	하야시고		

의미와 용법

문장 안에 등장하는 주어를 높여서 주어의 행위나 상태를 존대함을 나타
낼 때 사용한다.

　　그 음식은 할머니께서 만드시고 계세요.

　　선생님은 숙제를 내시고 나가셨어요.

활용 및 발음

※ 자음으로 끝나는 어간에는 '-으시-'가 결합하고 모음으로 끝나는 어간
　에는 '-시-'가 결합한다. 예. 막다-막으시다, 가다-가시다

※ 'ㄹ'로 끝나는 어간은 'ㄹ'을 탈락시키고 '-시-'를 결합한다. 예. 살다-사
시다

※ '-(으)시-' 뒤에 '아/어'로 시작하는 어미가 오면 이들과 결합하여 '-
　(으)셔'가 된다. 예. 막으시어->막으셔, 가시어->가셔

-았/었- + (-고)-

막다	막았고	싫다	싫었고	허옇다	허옜고
작다	작았고	담다	담았고	사다	샀고
먹다	먹었고	숨다	숨었고	비싸다	비쌌고
적다	적었고	검다	검었고	좋아하다	좋아하였고/좋아했고
닦다	닦았고	잡다	잡았고	착하다	착하였고/착했고
묶다	묶었고	좁다	좁았고	보내다	보냈고
안다	안았고	입다	입었고	서다	섰고
신다	신었고	돕다	도와고	메다	멨고
앉다	앉았고	곱다	고와고	세다	셌고
얹다	얹었고	가깝다	가까워고	펴다	폈고
않다	않았고	줍다	주웠고	보다	보았고/봤고
많다	많았고	없다	없었고	되다	되었고/됐고
끊다	끊었고	빼앗다	빼앗았고	고되다	고되었고/고됐고
받다	받았고	웃다	웃었고	주다	주었고/줬고
곧다	곧았고	낫다	나았고	쉬다	쉬었고
얻다	얻었고	낫다	나았고	꿰다	꿰었고/꿨고
깨닫다	깨달았고	짓다	지었고	모으다	모았고
듣다	들었고	가만있다	가만있었고	아프다	아팠고
살다	살았고	재미있다	재미있었고	쓰다	썼고
달다	달았고	찾다	찾았고	크다	컸고
달다	달았고	낮다	낮았고	고르다	골랐고
만들다	만들었고	잊다	잊었고	바르다	발랐고
길다	길었고	늦다	늦었고	부르다	불렀고
밝다	밝았고	쫓다	쫓았고	게으르다	게을렀고
밝다	밝았고	맡다	맡았고	이르다	이르렀고
읽다	읽었고	같다	같았고	푸르다	푸르렀고
붉다	붉었고	붙다	붙었고	띠다	띠었고
삶다	삶았고	짙다	짙었고	희다	희었고
굶다	굶었고	갚다	갚았고	기다리다	기다리었고/기다렸고
젊다	젊었고	높다	높았고	느리다	느리었고/느렸고
밟다	밟았고	짚다	짚었고	이다	이었고
넓다	넓었고	깊다	깊었고	아니다	아니었고
핥다	핥았고	놓다	놓았고		
훑다	훑었고	좋다	좋았고	-(으)시-	잡으시었고/잡으셨고

읊다	읊었고	넣다	넣었고	-았/었-	잡았었고
앓다	앓았고	빨갛다	빨갰고	-았/었-	먹었었고
옳다	옳았고	벌겋다	벌겠고	-겠-	잡겠었고
잃다	잃었고	하얗다	하얬고		

의미와 용법

과거에 발생한 상황이나 사건을 나타낼 때 사용한다. 부차적으로 과거의 상황이나 사건이 이미 완료됨을 나타내거나, 과거의 상황이나 사건이 지금까지 지속되고 있음을 나타낼 때 사용한다.

> 아침에 죽을 먹었어요.
>
> 하진 씨가 오전에 연락을 했어요.
>
> 저는 작년에 서울로 이사를 왔어요.

활용 및 발음

※ 어간의 마지막 음절의 모음이 '아'나 '오'인 어간에는 '-았-'이 결합하며 어간의 마지막 음절의 모음이 '아'나 '오'가 아닌 그 밖의 모음인 어간에는 '-었-'이 결합한다. 예. 막다-막았다, 쫓다-쫓았다, 먹다-먹었다, 입다-입었다

※ ㅂ불규칙 용언의 경우에는 '돕다', '곱다'의 어간에는 '-았-'이 결합하지만 그 외의 어간에는 '-었-'이 결합한다. 예. 돕다-도왔다. 곱다-고왔다, 아름답다-아름다웠다, 차갑다-차가웠다

※ 'ㅏ'나 'ㅓ'로 끝나는 용언과 '-았/었-'이 결합하면 'ㅏ'와 'ㅓ'는 탈락한다. 예. 가다-갔다, 서다-섰다

※ 'ㅡ'로 끝나는 용언은 '-았/었-'과 결합할 때 'ㅡ'가 탈락한다. 이때 'ㅡ' 앞에 오는 음절의 모음이 'ㅏ'나 'ㅗ'이면 '-았-'이 결합하고 그 밖의 모음이면 '-었-'이 결합한다. 예. 모으다-모았다, 치르다-치렀다

※ '크다'는 '-었-'과 결합하며 'ㅡ'가 탈락한다. 예. 크다-컸다

※ '르'로 끝나는 용언 가운데 불규칙 용언은 '-았/었-'과 결합할 때 'ㄹ'이 첨가된다. 예. 고르다-골랐다, 바르다-발랐다, 부르다-불렀다

※ '르'로 끝나는 용언 가운데 어떤 용언은 '-았/었-'이 결합할 때 어미에 'ㄹ'이 첨가된다. 예. 이르다-이르렀다

※ 'ㅣ'로 끝나는 용언은 '-었-'과 결합하면 '-였'으로 발음된다. 예. 기다

리다-기다렸다

※ 'ㅗ'나 'ㅜ'로 끝나는 용언은 '-었'과 '-웠'으로 발음된다. 예. 보다-봤다, 주다-줬다

※ '하다'가 결합한 용언은 '-었-'과 결합하며 '-었-'은 '-였-'이 되나 주로 구어에서는 '했'으로 발음된다. 좋아하다-좋아하였다-좋아했다

※ '-았/었-'은 뒤에 'ㄴ'을 제외한 자음으로 시작하는 어미가 오면 '[암/엄]'으로 발음된다. 예. 막았고[마감꼬], 적었지만[저걷찌만], 갔다가[갇따가], 섰던데[섣떤데]

※ '-았/었-'은 뒤에 'ㄴ'으로 시작하는 어미가 오면 '[안/언]'으로 발음된다. 예. 막았는데[마간는데], 적었는데[저건는데], 갔는데[간는데], 섰는데[선는데]

-겠- + (-고)

막다	막겠고	싫다	싫겠고	허옇다	허옇겠고
작다	작겠고	담다	담겠고	사다	사겠고
먹다	먹겠고	숨다	숨겠고	비싸다	비싸겠고
적다	적겠고	검다	검겠고	좋아하다	좋아하겠고
닦다	닦겠고	잡다	잡겠고	착하다	착하겠고
묶다	묶겠고	좁다	좁겠고	보내다	보내겠고
안다	안겠고	입다	입겠고	서다	서겠고
신다	신겠고	돕다	돕겠고	메다	메겠고
앉다	앉겠고	곱다	곱겠고	세다	세겠고
얹다	얹겠고	가깝다	가깝겠고	펴다	펴겠고
않다	않겠고	줍다	줍겠고	보다	보겠고
많다	많겠고	없다	없겠고	되다	되겠고
끊다	끊겠고	빼앗다	빼앗겠고	고되다	고되겠고
받다	받겠고	웃다	웃겠고	주다	주겠고
곧다	곧겠고	낫다	낫겠고	쉬다	쉬겠고
얻다	얻겠고	낫다	낫겠고	꿰다	꿰겠고
깨닫다	깨닫겠고	짓다	짓겠고	모으다	모으겠고
듣다	듣겠고	가만있다	가만있겠고	아프다	아프겠고
살다	살겠고	재미있다	재미있겠고	쓰다	쓰겠고
달다	달겠고	찾다	찾겠고	크다	크겠고
달다	달겠고	낮다	낮겠고	고르다	고르겠고
만들다	만들겠고	잊다	잊겠고	바르다	바르겠고
길다	길겠고	늦다	늦겠고	부르다	부르겠고
밝다	밝겠고	쫓다	쫓겠고	게으르다	게으르겠고
밝다	밝겠고	맡다	맡겠고	이르다	이르겠고
읽다	읽겠고	같다	같겠고	푸르다	푸르겠고
붉다	붉겠고	붙다	붙겠고	띠다	띠겠고
삶다	삶겠고	짙다	짙겠고	희다	희겠고
굶다	굶겠고	갚다	갚겠고	기다리다	기다리겠고
젊다	젊겠고	높다	높겠고	느리다	느리겠고
밟다	밟겠고	짚다	짚겠고	이다	이겠고
넓다	넓겠고	깊다	깊겠고	아니다	아니겠고
핥다	핥겠고	놓다	놓겠고		
훑다	훑겠고	좋다	좋겠고	-(으)시-	잡으시겠고

읊다	읊겠고	넣다	넣겠고	-았/었-	잡았겠고
앓다	앓겠고	빨갛다	빨갛겠고	-았/었-	먹었겠고
옳다	옳겠고	벌겋다	벌겋겠고	-아/어요	잡겠어요
잃다	잃겠고	하얗다	하얗겠고		

의미와 용법

1) (동사에 붙어) 앞으로 일어날 미래에 대한 의지를 드러낼 때 사용한다. 말하는 사람의 의지, 의도를 나타낼 때 사용한다.

   저는 올해에 수영을 배우겠어요.

   금요일 저녁까지 모든 일을 완성하겠어요.

2) 다른 사람의 일이나 상황에 대해 추측함을 나타낸다. 자신의 의견이나 생각을 근거로 추측할 때 사용한다.

   시험이 다가오니까 공부하느라 바쁘겠어요.

   연아 씨가 우승을 했으니 상금을 많이 받겠어요.

활용 및 발음

※ 위의 표에서는 선어말어미 '-겠-'과 연결어미 '-고-'가 결합한 활용을 제시하였다.

※ '-겠'의 두음 'ㄱ'은 'ㄱ, ㄴ, ㄲ, ㄷ, ㅁ, ㅂ, ㅅ, ㅆ, ㅈ, ㅊ, ㅌ, ㅍ'으로 끝나는 어간과 결합하면 된소리인 'ㄲ'이 된다. 예: 막겠고[막껟꼬], 닦겠고[닥껟꼬], 안겠고[안ː껟꼬], 받겠고[받껟꼬], 담겠고[담ː껟꼬], 잡겠고[잡껟꼬], 빼앗겠고[빼앋껟꼬], 가만있겠고[가마닏껟꼬], 찾겠고[찯껟꼬], 쫓겠고[쫀껟꼬], 맡겠고[맏껟꼬], 갚겠고[갑껟꼬]

※ '-겠'의 두음 'ㄱ'은 'ㅎ' 또는 'ㄶ, ㅀ'으로 끝나는 어간과 결합하면 'ㅎ'과 축약이 된다. 예: 놓겠고[노켇꼬], 않겠고[안켇꼬], 앓겠고[알켇꼬]

※ '밝겠고, 삶겠고, 넓겠고, 핥겠고, 훑겠고, 읊겠고'는 '[발껟꼬], [삼ː껟꼬], [널껟꼬], [할껟꼬], [훌껟꼬], [읍껟꼬]'로 발음한다.

※ '없겠고'는 '[업ː껟꼬]'로 발음한다.

※ '앉겠고'는 '[안껟꼬]'로 발음한다.

04. 선어말어미 185

※ '-겠-'은 뒤에 'ㄴ'을 제외한 자음으로 시작하는 어미가 오면 '[겓]'으로 발음된다. 예. 막겠고[막껟꼬], 적겠지만[적껟찌만], 가겠다[가겓따], 서겠던데[서겓떤데]

※ '-겠-'은 뒤에 'ㄴ'으로 시작하는 어미가 오면 '[겐]'으로 발음된다. 예. 막겠는데[막껜는데], 적겠는데[적껜는데], 가겠는데[가겐는데], 서겠는데[서겐는데]

-(으)시+-었-+(-고)

막다	막으셨고	싫다	싫으셨고	허옇다	허여셨고
작다	작으셨고	담다	담으셨고	사다	사셨고
먹다	먹으셨고	숨다	숨으셨고	비싸다	비싸셨고
적다	적으셨고	검다	검으셨고	좋아하다	좋아하셨고
닦다	닦으셨고	잡다	잡으셨고	착하다	착하셨고
묶다	묶으셨고	좁다	좁으셨고	보내다	보내셨고
안다	안으셨고	입다	입으셨고	서다	서셨고
신다	신으셨고	돕다	도우셨고	메다	메셨고
앉다	앉으셨고	곱다	고우셨고	세다	세셨고
얹다	얹으셨고	가깝다	가까우셨고	펴다	펴셨고
않다	않으셨고	줍다	주우셨고	보다	보셨고
많다	많으셨고	없다	없으셨고	되다	되셨고
끊다	끊으셨고	빼앗다	빼앗으셨고	고되다	고되셨고
받다	받으셨고	웃다	웃으셨고	주다	주셨고
곧다	곧으셨고	낫다	나으셨고	쉬다	쉬셨고
얻다	얻으셨고	낫다	나으셨고	꿰다	꿰셨고
깨닫다	깨달으셨고	짓다	지으셨고	모으다	모으셨고
듣다	들으셨고	가만있다	가만있으셨고	아프다	아프셨고
살다	사셨고	재미있다	재미있으셨고	쓰다	쓰셨고
달다	다셨고	찾다	찾으셨고	크다	크셨고
달다	다셨고	낮다	낮으셨고	고르다	고르셨고
만들다	만드셨고	잊다	잊으셨고	바르다	바르셨고
길다	기셨고	늦다	늦으셨고	부르다	부르셨고
밝다	밝으셨고	쫓다	쫓으셨고	게으르다	게으르셨고
밝다	밝으셨고	맡다	맡으셨고	이르다	이르셨고
읽다	읽으셨고	같다	같으셨고	푸르다	푸르셨고
붉다	붉으셨고	붙다	붙으셨고	띠다	띠셨고
삶다	삶으셨고	짙다	짙으셨고	희다	희셨고
굶다	굶으셨고	갚다	갚으셨고	기다리다	기다리셨고
젊다	젊으셨고	높다	높으셨고	느리다	느리셨고
밟다	밟으셨고	짚다	짚으셨고	이다	이셨고
넓다	넓으셨고	깊다	깊으셨고	아니다	아니셨고
핥다	핥으셨고	놓다	놓으셨고		
훑다	훑으셨고	좋다	좋으셨고		

읊다	읊으셨고	넣다	넣으셨고	-았/었-	잡으셨고
앓다	앓으셨고	빨갛다	빨가셨고	-았/었-	읽으셨고
옳다	옳으셨고	벌겋다	벌거셨고	-겠-	잡으셨겠고
잃다	잃으셨고	하얗다	하야셨고		

활용 및 발음

※ 높임을 나타내는 선어말어미 '-(으)시-'와 과거를 나타내는 선어말어미 '-았/었-'이 결합하면 '-(으)시었-' 또는 '-(으)셨-'으로 나타난다. 위의 표에서는 '-(으)시었-'이 줄어든 '-(으)셨-'만을 제시하였다. 위의 표에서는 '-(으)시-'와 '-었-'이 결합한 구성에 연결어미 '-고'가 결합한 활용형을 제시하였다. 예. '-(으)셨고'

※ 자음으로 끝나는 어간에는 '-으시-'가 결합하고 모음으로 끝나는 어간에는 '-시-'가 결합한다. 예. 막다-막으시었고-막으셨고, 가다-가시었고-가셨고

※ '르'로 끝나는 어간은 'ㄹ'을 탈락시키고 '-시-'를 결합한다. 예. 살다-사시었고-사셨고

※ '-(으)셨-'은 뒤에 'ㄴ'을 제외한 자음으로 시작하는 어미가 오면 '[셛]'으로 발음된다. 예. 막으셨고[마그셛꼬], 적으셨지만[저그셛찌만], 가셨다가[가셛따가], 서셨던데[서셛떤데]

※ '-(으)셨-'은 뒤에 'ㄴ'으로 시작하는 어미가 오면 '[션]'으로 발음된다. 예. 막으셨는데[마그션는데], 적으셨는데[저그션는데], 가셨는데[가션는데], 서셨는데[서션는데]

-(으)시+ -겠- + (-고)

막다	막으시겠고	싫다	싫으시겠고	허옇다	허여시겠고
작다	작으시겠고	담다	담으시겠고	사다	사시겠고
먹다	먹으시겠고	숨다	숨으시겠고	비싸다	비싸시겠고
적다	적으시겠고	검다	검으시겠고	좋아하다	좋아하시겠고
닦다	닦으시겠고	잡다	잡으시겠고	착하다	착하시겠고
묶다	묶으시겠고	좁다	좁으시겠고	보내다	보내시겠고
안다	안으시겠고	입다	입으시겠고	서다	서시겠고
신다	신으시겠고	돕다	도우시겠고	메다	메시겠고
앉다	앉으시겠고	곱다	고우시겠고	세다	세시겠고
얹다	얹으시겠고	가깝다	가까우시겠고	펴다	펴시겠고
않다	않으시겠고	줍다	주우시겠고	보다	보시겠고
많다	많으시겠고	없다	없으시겠고	되다	되시겠고
끊다	끊으시겠고	빼앗다	빼앗으시겠고	고되다	고되시겠고
받다	받으시겠고	웃다	웃으시겠고	주다	주시겠고
곧다	곧으시겠고	낫다	나으시겠고	쉬다	쉬시겠고
얻다	얻으시겠고	낫다	나으시겠고	꿰다	꿰시겠고
깨닫다	깨달으시겠고	짓다	지으시겠고	모으다	모으시겠고
듣다	들으시겠고	가만있다	가만있으시겠고	아프다	아프시겠고
살다	사시겠고	재미있다	재미있으시겠고	쓰다	쓰시겠고
달다	다시겠고	찾다	찾으시겠고	크다	크시겠고
달다	다시겠고	낮다	낮으시겠고	고르다	고르시겠고
만들다	만드시겠고	잊다	잊으시겠고	바르다	바르시겠고
길다	기시겠고	늦다	늦으시겠고	부르다	부르시겠고
밝다	밝으시겠고	쫓다	쫓으시겠고	게으르다	게으르시겠고
밝다	밝으시겠고	맡다	맡으시겠고	이르다	이르시겠고
읽다	읽으시겠고	같다	같으시겠고	푸르다	푸르시겠고
붉다	붉으시겠고	붙다	붙으시겠고	띄다	띄시겠고
삶다	삶으시겠고	짙다	짙으시겠고	희다	희시겠고
굶다	굶으시겠고	갚다	갚으시겠고	기다리다	기다리시겠고
젊다	젊으시겠고	높다	높으시겠고	느리다	느리시겠고
밟다	밟으시겠고	짚다	짚으시겠고	이다	이시겠고
넓다	넓으시겠고	깊다	깊으시겠고	아니다	아니시겠고
핥다	핥으시겠고	놓다	놓으시겠고		
훑다	훑으시겠고	좋다	좋으시겠고		

읊다	읊으시겠고	넣다	넣으시겠고	-았/었-	잡으셨겠고
앓다	앓으시겠고	빨갛다	빨가시겠고	-았/었-	읽으셨겠고
옳다	옳으시겠고	벌겋다	벌거시겠고		
잃다	잃으시겠고	하얗다	하야시겠고		

활용 및 발음

※ 높임을 나타내는 선어말어미 '-(으)시-'와 미래나 추측을 나타내는 선어말어미 '-겠-'이 결합하면 '-(으)시겠-'으로 나타난다. 위의 표에서는 '-(으)시-'와 '-겠-'이 결합한 구성에 연결어미 '-고'가 결합한 활용형을 제시하였다. 예. '-(으)시겠고

※ 자음으로 끝나는 어간에는 '-으시-'가 결합하고 모음으로 끝나는 어간에는 '-시-'가 결합한다. 예. 막다-막으시겠고, 가다-가시겠고

※ 'ㄹ'로 끝나는 어간은 'ㄹ'을 탈락시키고 '-시-'를 결합한다. 예. 살다-사시겠고

※ '-(으)시겠-'의 뒤에 'ㄴ'을 제외한 자음으로 시작하는 어미가 오면 '[으시겓]'으로 발음된다. 예. 막으시겠고[마그시겓꼬], 적으시겠지만[저그시겓찌만], 가시겠다가[가시겓따가], 서시겠던데[서시겓떤데]

※ '-(으)시겠-'은 뒤에 'ㄴ'으로 시작하는 어미가 오면 '[으시겐]'으로 발음된다. 예. 막으시겠는데[마그시겐는데], 적으시겠는데[저그시겐는데], 가시겠는데[가시겐는데], 서시겠는데[서시겐는데]

-(으)시-+-었-+-겠-+(-고)

막다	막으셨겠고	싫다	싫으셨겠고	허옇다	허여셨겠고
작다	작으셨겠고	담다	담으셨겠고	사다	사셨겠고
먹다	먹으셨겠고	숨다	숨으셨겠고	비싸다	비싸셨겠고
적다	적으셨겠고	검다	검으셨겠고	좋아하다	좋아하셨겠고
닦다	닦으셨겠고	잡다	잡으셨겠고	착하다	착하셨겠고
묶다	묶으셨겠고	좁다	좁으셨겠고	보내다	보내셨겠고
안다	안으셨겠고	입다	입으셨겠고	서다	서셨겠고
신다	신으셨겠고	돕다	도우셨겠고	메다	메셨겠고
앉다	앉으셨겠고	곱다	고우셨겠고	세다	세셨겠고
얹다	얹으셨겠고	가깝다	가까우셨겠고	펴다	펴셨겠고
않다	않으셨겠고	줍다	주우셨겠고	보다	보셨겠고
많다	많으셨겠고	없다	없으셨겠고	되다	되셨겠고
끊다	끊으셨겠고	빼앗다	빼앗으셨겠고	고되다	고되셨겠고
받다	받으셨겠고	웃다	웃으셨겠고	주다	주셨겠고
곧다	곧으셨겠고	낫다	나으셨겠고	쉬다	쉬셨겠고
얻다	얻으셨겠고	낳다	나으셨겠고	꿰다	꿰셨겠고
깨닫다	깨달으셨겠고	짓다	지으셨겠고	모으다	모으셨겠고
듣다	들으셨겠고	가만있다	가만있으셨겠고	아프다	아프셨겠고
살다	사셨겠고	재미있다	재미있으셨겠고	쓰다	쓰셨겠고
달다	다셨겠고	찾다	찾으셨겠고	크다	크셨겠고
달다	다셨겠고	낮다	낮으셨겠고	고르다	고르셨겠고
만들다	만드셨겠고	잊다	잊으셨겠고	바르다	바르셨겠고
길다	기셨겠고	늦다	늦으셨겠고	부르다	부르셨겠고
밝다	밝으셨겠고	쫓다	쫓으셨겠고	게으르다	게으르셨겠고
밝다	밝으셨겠고	맡다	맡으셨겠고	이르다	이르셨겠고
읽다	읽으셨겠고	같다	같으셨겠고	푸르다	푸르셨겠고
붉다	붉으셨겠고	붙다	붙으셨겠고	띠다	띠셨겠고
삶다	삶으셨겠고	짙다	짙으셨겠고	희다	희셨겠고
굶다	굶으셨겠고	갚다	갚으셨겠고	기다리다	기다리셨겠고
젊다	젊으셨겠고	높다	높으셨겠고	느리다	느리셨겠고
밟다	밟으셨겠고	짚다	짚으셨겠고	이다	이셨겠고
넓다	넓으셨겠고	깊다	깊으셨겠고	아니다	아니셨겠고
핥다	핥으셨겠고	놓다	놓으셨겠고		
훑다	훑으셨겠고	좋다	좋으셨겠고		

읊다	읊으셨겠고	넣다	넣으셨겠고		
앓다	앓으셨겠고	빨갛다	빨가셨겠고		
옳다	옳으셨겠고	벌겋다	벌거셨겠고		
잃다	잃으셨겠고	하얗다	하야셨겠고		

활용 및 발음

※ 높임의 선어말어미 '-(으)시-'와 과거를 나타내는 선어말어미 '-었-', 미래나 추측을 나타내는 선어말어미 '-겠-'이 결합하면 '-(으)시었겠-'으로 나타나며 구어에서는 '-(으)셨겠-'으로 나타난다. 위의 표에서는 '-(으)셨겠-'에 연결어미 '-고'가 결합한 활용형 '-(으)셨겠고'를 제시하였다.

※ '-(으)셨겠-'은 뒤에 'ㄴ'을 제외한 자음으로 시작하는 어미가 오면 '[으셜껜]'으로 발음된다. 예. 막으셨겠고[마그셜껜꼬], 적으셨겠지만[저그셜껜찌만], 가셨겠다[가셜껜따], 서셨던데[서셜껜떤데]

※ '-(으)셨겠-'은 뒤에 'ㄴ'으로 시작하는 어미가 오면 '[으셜껜]'으로 발음된다. 예. 막으셨겠는데[마그셜껜는데], 적으셨겠는데[저그셜껜는데], 가셨겠는데[가셜껜는데], 서셨겠는데[서셜껜는데]

-았/었-+-겠-+(-고)

막다	막았겠고	싫다	싫었겠고	허옇다	허옜겠고
작다	작았겠고	담다	담았겠고	사다	샀겠고
먹다	먹었겠고	숨다	숨었겠고	비싸다	비쌌겠고
적다	적었겠고	검다	검었겠고	좋아하다	좋아했겠고
닦다	닦았겠고	잡다	잡았겠고	착하다	착했겠고
묶다	묶었겠고	좁다	좁았겠고	보내다	보냈겠고
안다	안았겠고	입다	입었겠고	서다	섰겠고
신다	신었겠고	돕다	도와겠고	메다	멨겠고
앉다	앉았겠고	곱다	겠고와겠고	세다	셌겠고
얹다	얹었겠고	가깝다	가까워겠고	펴다	폈겠고
않다	않았겠고	줍다	주웠겠고	보다	보았겠고/봤겠고
많다	많았겠고	없다	없었겠고	되다	되었겠고/됐겠고
끊다	끊었겠고	빼앗다	빼앗았겠고	고되다	고되었겠고/고됐겠고
받다	받았겠고	웃다	웃었겠고	주다	주었겠고/줬겠고
곧다	곧았겠고	낫다	나았겠고	쉬다	쉬었겠고
얻다	얻었겠고	낳다	나았겠고	꿰다	꿰었겠고/꿰겠고
깨닫다	깨달았겠고	짓다	지었겠고	모으다	모았겠고
듣다	들었겠고	가만있다	가만있었겠고	아프다	아팠겠고
살다	살았겠고	재미있다	재미있었겠고	쓰다	썼겠고
달다	달았겠고	찾다	찾았겠고	크다	컸겠고
달다	달았겠고	낮다	낮았겠고	고르다	골랐겠고
만들다	만들었겠고	잊다	잊었겠고	바르다	발랐겠고
길다	길었겠고	늦다	늦었겠고	부르다	불렀겠고
밝다	밝았겠고	쫓다	쫓았겠고	게으르다	게을렀겠고
밝다	밝았겠고	맡다	맡았겠고	이르다	이르렀겠고
읽다	읽었겠고	같다	같았겠고	푸르다	푸르렀겠고
붉다	붉었겠고	붙다	붙었겠고	띠다	띠었겠고
삶다	삶았겠고	짙다	짙었겠고	희다	희었겠고
굶다	굶었겠고	갚다	갚았겠고	기다리다	기다리었겠고/기다렸겠고
젊다	젊었겠고	높다	높았겠고	느리다	느리었겠고/느렸겠고
밟다	밟았겠고	짚다	짚었겠고	이다	이었겠고

넓다	넓었겠고	깊다	깊었겠고	아니다	아니었겠고
핥다	핥았겠고	놓다	놓았겠고		
훑다	훑었겠고	좋다	좋았겠고	-(으)시-	잡으시었겠고/ 잡으셨겠고
읊다	읊었겠고	넣다	넣었겠고	-았/었-	잡았었겠고
앓다	앓았겠고	빨갛다	빨갰겠고	-았/었-	먹었었겠고
옳다	옳았겠고	벌겋다	벌겠겠고		
잃다	잃었겠고	하얗다	하얬겠고		

활용 및 발음

※ 과거의 선어말어미 '-았/었-'과 추측이나 미래의 선어말어미 '-겠-'이 결합하면 '-았/었겠-'으로 나타난다. 위의 표에서는 '-았/었겠'에 연결 어미 '-고'가 결합한 활용형 '-았/었겠고'를 제시하였다.

※ 어간의 마지막 음절의 모음이 '아'나 '오'인 어간에는 '-았-'이 결합하 며 어간의 마지막 음절의 모음이 '아'나 '오'가 아닌 그 밖의 모음인 어간에는 '-었-'이 결합한다. 예. 막다-막았겠고, 좇다-좇았겠고, 먹다-먹었겠고, 입다-입었겠고

※ ㅂ불규칙 용언의 경우에는 '돕다', '곱다'의 어간에는 '-았-'이 결합하 지만 그 외의 어간에는 '-었-'이 결합한다. 예. 돕다-도왔겠고, 곱다-고 왔겠고, 아름답다-아름다웠겠고, 가깝다-가까웠겠고

※ 'ㅏ'나 'ㅓ'로 끝나는 용언과 '-았/었-'이 결합하면 'ㅏ'와 'ㅓ'는 탈락 한다. 예. 가다-갔겠고, 서다-섰겠고

※ 'ㅡ'로 끝나는 용언은 '-았/었-'과 결합할 때 'ㅡ'가 탈락한다. 이때 'ㅡ' 앞에 오는 음절의 모음이 'ㅏ'나 'ㅗ'이면 '-았-'이 결합하고 그 밖의 모음이면 '-었-'이 결합한다. 예. 모으다-모았겠고, 치르다-치렀겠 고

※ '크다'는 '-었-'과 결합하며 'ㅡ'가 탈락한다. 예. 크다-컸겠고

※ '르'로 끝나는 용언 가운데 불규칙 용언은 '-았/었-'과 결합할 때 'ㄹ' 이 첨가된다. 예. 고르다-골랐겠고, 바르다-발랐겠고, 부르다-불렀겠고

※ '르'로 끝나는 용언 가운데 어떤 용언은 '-았/었-'이 결합할 때 어미에 'ㄹ'이 첨가된다. 예. 이르다-이르렀겠고

※ 'ㅣ'로 끝나는 용언은 '-었-'과 결합하면 '였'으로 발음된다. 예. 기다 리다-기다리었겠고-기다렸겠고

※ 'ㅗ'나 'ㅜ'로 끝나는 용언은 '-었'과'-웠'으로 발음된다. 예. 보다-보

앉겠고-봤겠고, 주다-주었겠고-줬겠고

※ '하다'가 결합한 용언은 '-었-'과 결합하며 '-었-'은 '-였-'이 되나 주로 구어에서는 '했'으로 발음된다. 좋아하다-좋아하였겠고-좋아했겠고

※ '-았/었겠-'은 뒤에 'ㄴ'을 제외한 자음으로 시작하는 어미가 오면 '[앋껟꼬]'/ '[얻껟꼬]'로 발음된다. 예. 막았겠고[마갇껟꼬], 적었겠지만[저걷껟찌만], 갔겠다[갇껟따], 섰겠던데[섣껟떤데]

※ '-았/었겠-'은 뒤에 'ㄴ'으로 시작하는 어미가 오면 '[앋껜]'/ '[얻껜]'으로 발음된다. 예. 막았겠는데[마갇껜는데], 적었겠는데[저걷껜는데], 갔겠는데[갇껜는데], 섰겠는데[섣껜는데]

참고문헌

국립국어원(2005), 『외국인을 위한 한국어 문법』, 두산동아.

국립국어원(2020), 『한국어 어문 규범』.(http://kornorms.korean.go.kr).

국립국어원(2020), 『표준국어대사전』.(https://stdict.korean.go.kr)

김정남(2005), 「학습자용 활용형 사전을 위한 제안」, 『한국사전학』2, 한국사
전학회, 191-210.

김종덕·이종희(2005), 「용언의 활용형 일람표 연구 : 사전의 부록으로 활용
하기 위한 방안을 중심으로」, 『한국사전학』5, 한국사전학회, 185-207.

김종록(2005), 「[외국인을 위한 표준 한국어 동사 활용 사전]을 편찬하기 위
한 기초적 연구」, 『한글』270, 한글학회, 149-195.

김종록(2009), 『외국인을 위한 표준 한국어 동사 활용 사전』, 박이정.

김종록(2012), 「[외국인을 위한 표준 한국어 동사 활용 사전] 돌아보기」, 『한
글』295, 한글학회, 73-134.

김호정(2012), 『한국어교육 문법 표현 내용 개발 연구(1단계)』, 국립국어원.

남지순(2007), 『한국어 동사·형용사 활용 마법사』, 박이정.

배주채(2010), 「국어사전 용언활용표의 음운론적 연구」, 『한국문화』52, 서울
대학교 한국문화연구소, 23-52.

배주채(2013), 『한국어의 발음(개정판)』, 삼경문화사.

양명희(2013), 『한국어교육 문법 표현 내용 개발 연구(2단계)』, 국립국어원.

양명희(2014), 『한국어교육 문법 표현 내용 개발 연구(3단계)』, 국립국어원.

양명희(2015), 『한국어교육 문법 표현 내용 개발 연구(4단계)』, 국립국어원.

연세대학교 언어정보개발연구원(1998), 『연세 한국어사전』, 두산동아.

이삼형(2017), 『국어 기초 어휘 선정 및 어휘 등급화를 위한 기초 연구』, 국립
국어원.

이삼형(2018), 『국어 기초 어휘 선정 및 어휘 등급화를 위한 연구』, 국립국어원.

이은경(2017), 「교체의 사전적 처리에 대하여」, 『한국사전학』30, 한국사전학
회, 155-189.

이진호(2014), 『국어 음운론 강의』, 삼경문화사.

한송화(2015), 『한국어 교육 어휘 내용 개발(4단계)』, 국립국어원.

Argues, Alexander & Jong Rok Kim(2005), *Korean Verbal Conjugation*.
Dunwoody Press(USA).

Park, Bryan(2009ㄱ), 『한국어 형용사 500 활용사전』, 소통.

Park, Bryan(2009ㄴ), 『한국어 동사 500 활용사전』, 소통.

Song, Seok Choong(1988), *201 Korean Verbs*. Barron's Educational Series. Inc.

이홍식

서울대학교 국어국문학과 졸업
서울대학교 대학원 국어국문학과 졸업(문학박사)
숙명여자대학교 한국어문학부 교수

한국어 활용 길잡이(어미편)

초판인쇄 2020년 8월 28일
초판발행 2020년 8월 28일

지은이 이홍식
펴낸이 채종준
펴낸곳 한국학술정보㈜
주소 경기도 파주시 회동길 230(문발동)
전화 031) 908-3181(대표)
팩스 031) 908-3189
홈페이지 http://ebook.kstudy.com
전자우편 출판사업부 publish@kstudy.com
등록 제일산-115호(2000. 6. 19)

ISBN 979-11-6603-064-2 93710

이 책은 한국학술정보㈜와 저작자의 지적 재산으로서 무단 전재와 복제를 금합니다.
책에 대한 더 나은 생각, 끊임없는 고민, 독자를 생각하는 마음으로 보다 좋은 책을 만들어갑니다.